EXPLORA EL CUERPO HUMANO

ALBERTO JIMÉNEZ GARCÍA

LIBSA

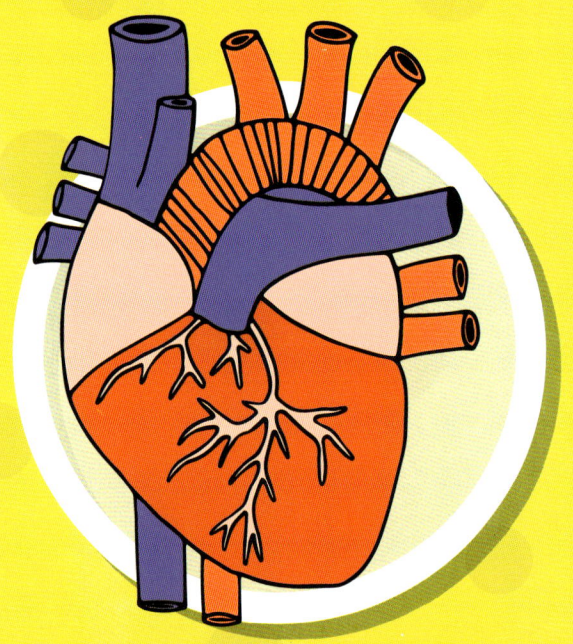

© 2025, Editorial LIBSA
C/ Puerto de Navacerrada, 88
28935 Móstoles. Madrid
Tel. (34) 91 657 25 80
e-mail: libsa@libsa.es
www.libsa.es

ISBN: 978-84-662-4343-8

Ilustración: Shutterstock, Gettyimages y Archivo Libsa
Textos: Alberto Jiménez García
Edición: equipo editorial LIBSA
Maquetación: Alberto Jiménez García
Diseño de cubierta: equipo de diseño LIBSA

DL: M-13900-2024

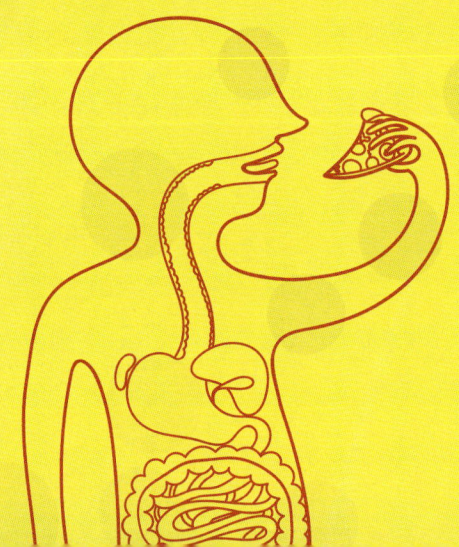

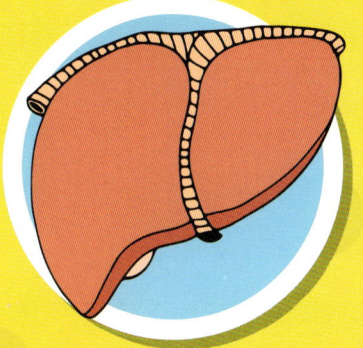

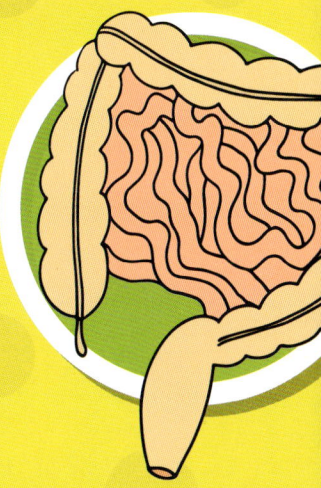

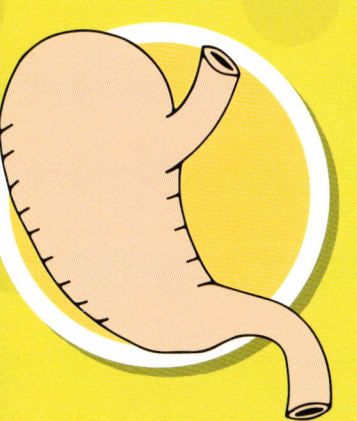

Contenido

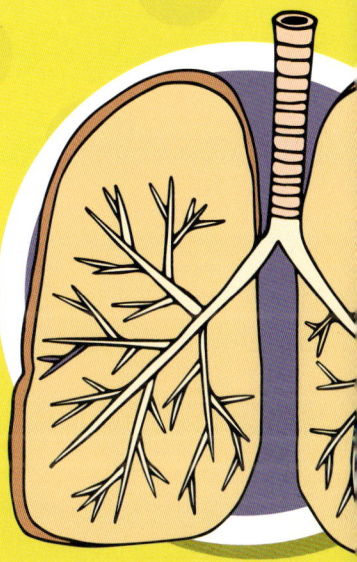

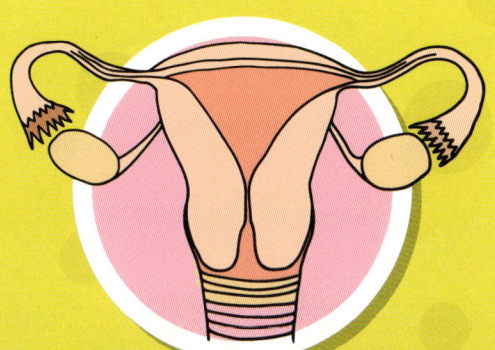

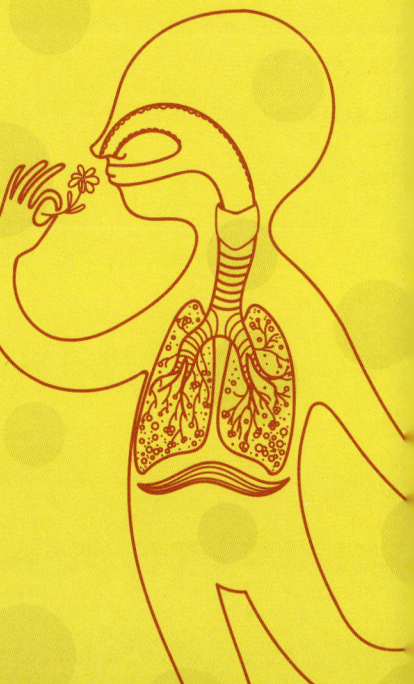

Introducción

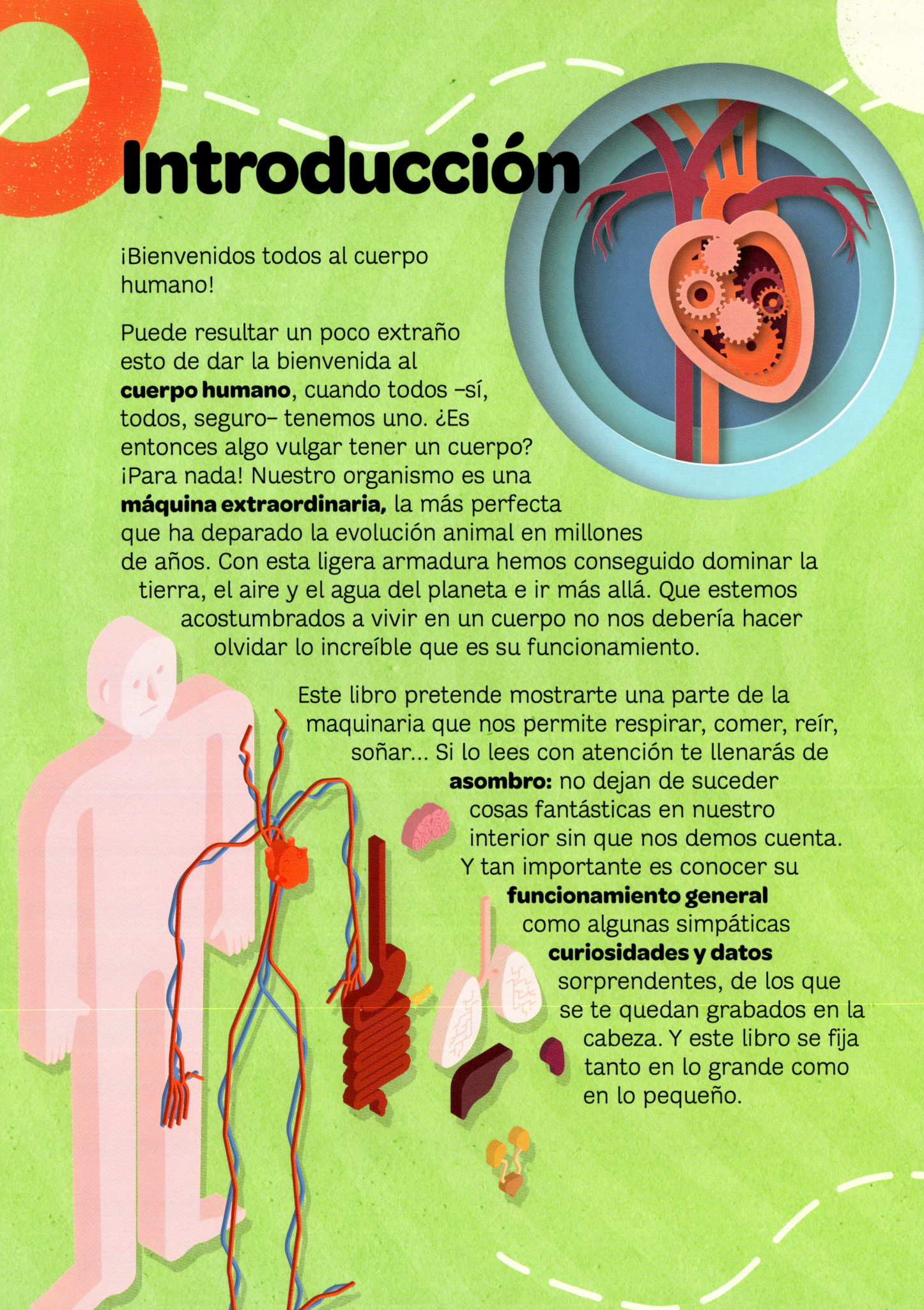

¡Bienvenidos todos al cuerpo humano!

Puede resultar un poco extraño esto de dar la bienvenida al **cuerpo humano**, cuando todos –sí, todos, seguro– tenemos uno. ¿Es entonces algo vulgar tener un cuerpo? ¡Para nada! Nuestro organismo es una **máquina extraordinaria,** la más perfecta que ha deparado la evolución animal en millones de años. Con esta ligera armadura hemos conseguido dominar la tierra, el aire y el agua del planeta e ir más allá. Que estemos acostumbrados a vivir en un cuerpo no nos debería hacer olvidar lo increíble que es su funcionamiento.

Este libro pretende mostrarte una parte de la maquinaria que nos permite respirar, comer, reír, soñar... Si lo lees con atención te llenarás de **asombro:** no dejan de suceder cosas fantásticas en nuestro interior sin que nos demos cuenta. Y tan importante es conocer su **funcionamiento general** como algunas simpáticas **curiosidades y datos** sorprendentes, de los que se te quedan grabados en la cabeza. Y este libro se fija tanto en lo grande como en lo pequeño.

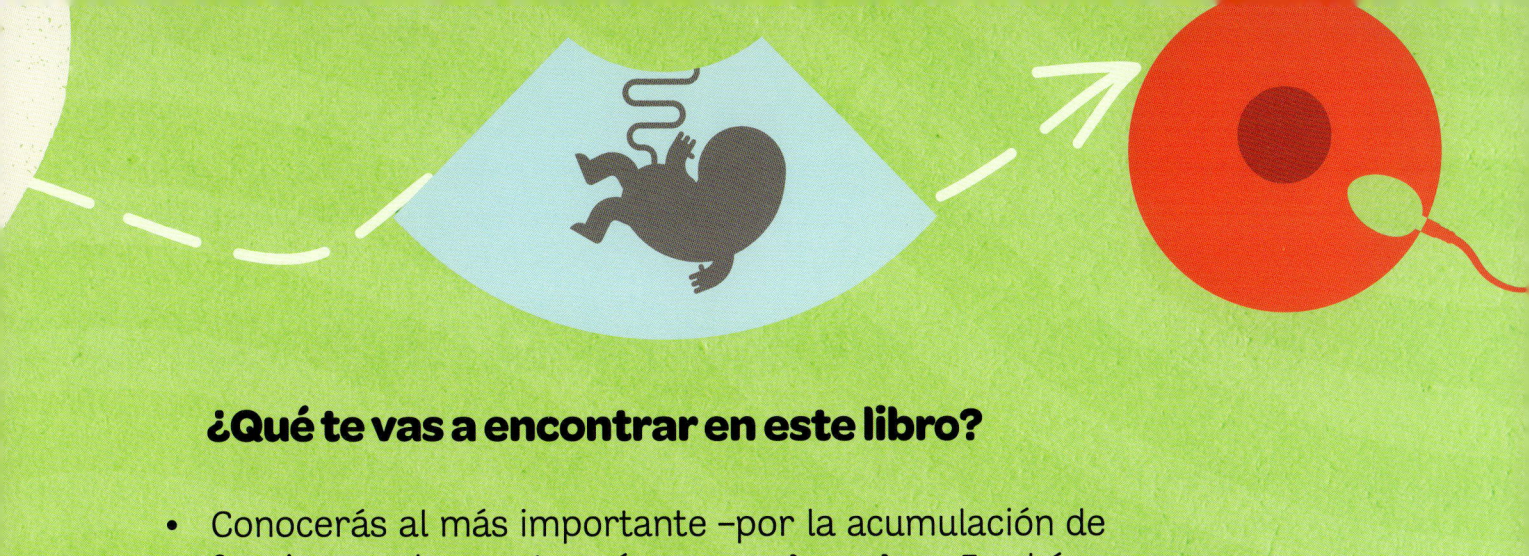

¿Qué te vas a encontrar en este libro?

- Conocerás al más importante –por la acumulación de funciones– de nuestros órganos: **el cerebro.** Es el órgano que más nos diferencia del resto de seres vivos, el que nos permite inventar objetos extraordinarios, organizarnos en masa y crear asociaciones imposibles para el resto de animales. Es el encargado, además, de procesar la información que nos aportan nuestros **sentidos,** a los que dedicamos especial atención.

- También aprenderás sobre **los sistemas:** nuestro cuerpo posee unos 50 billones de células, que se agrupan en tejidos, los cuales se organizan en **órganos** y estos en ocho aparatos o sistemas. Conocerás algunos de ellos y presentaremos varios órganos vitales para nuestro funcionamiento y algunas **enfermedades** que los amenazan. Todos son importantes, pero a veces se puede vivir sin alguno de ellos. ¿Y se puede vivir sin pelo, sin uñas, sin dientes? ¡Por supuesto! Pero también cumplen una función, y por ello les dedicamos nuestra atención.

- Y, cómo no, todo esto lo acompañamos con **enigmas y rompecabezas** de lógica y visuales, porque nos gusta aprender a la vez que jugamos. Puede que algunos los soluciones rápidamente pero... ¡quizá en otros tendrás que emplear todas las neuronas de tu singular cerebro! ¡Ponte en marcha!

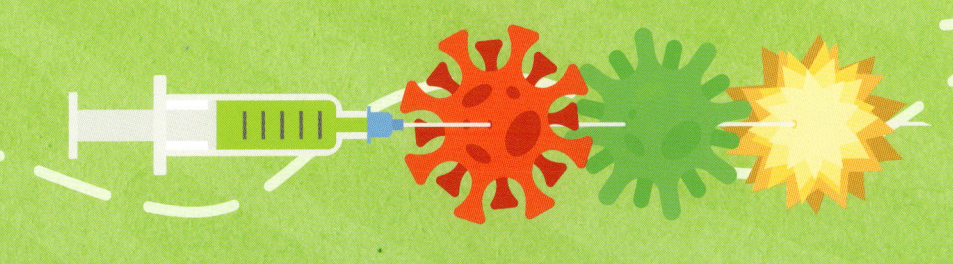

Aquí manda el cerebro

Una computadora perfecta

¿Qué harías sin tu cerebro? Pues ya te lo decimos nosotros: nada. Serías un zombi, o algo así. Se encarga del sistema nervioso, del pensamiento, de la memoria, de las emociones, del habla y el lenguaje... Nadie da más en menos espacio.

El cerebro está dividido en dos partes iguales, visto desde el frente, que se llaman HEMISFERIOS. Cada uno de ellos se especializa en unas funciones. El IZQUIERDO lo hace con lo relacionado con el habla, la escritura, los números, las matemáticas y la lógica. El DERECHO se centra más en sentimientos, cantar, tocar instrumentos musicales, pintar, orientarnos... Se dice que el primero es más «lógico» y el segundo, más «creativo»

EL DATO

Aunque cuenta con cerca del 2 % del peso medio de una persona adulta, el cerebro consume más del 20 % de la energía que necesitamos.

En realidad, el CEREBRO es la parte más grande del ENCÉFALO, que es el conjunto de órganos que forman parte del sistema nervioso y están dentro del cráneo. Existen otras dos regiones importantes dentro del encéfalo: el CEREBELO y el BULBO RAQUÍDEO. Entre las tres controlan funciones vitales como la respiración, el ritmo cardíaco, la coordinación, el movimiento del cuerpo… Es decir, aquello que hacemos de manera consciente y las que nuestro cuerpo ejecuta «automáticamente».

Una región muy importante del cerebro es el HIPOTÁLAMO, justo en mitad de la cabeza. Es como el regulador de temperatura de tu cuerpo. Si tienes demasiado calor, el hipotálamo hará que sudes. Si sientes demasiado frío, te hará temblar. También se encarga de darte hambre o sueño. ¡Viva el hipotálamo!

¡OJO!

El lado izquierdo del cerebro se encarga de mover la mano derecha, y al revés. ¡El cerebro tiene cruzados los cables!

Cerebro

Hipotálamo

Cerebelo

Bulbo raquídeo

EL RETO

Aquí tienes unas actividades que nuestro serebro se encarga de procesar. Ahora que ya conoces un poco cómo funciona… ¿sabrías decir qué hemisferio se encarga de cada una? ¿El DERECHO o el IZQUIERDO?

¡Estás de los nervios!

El sistema nervioso es maravilloso

Lo que más nos diferencia de los animales es nuestra manera de pensar. Somos (casi siempre) racionales, podemos inventar objetos, relatos: vamos más allá de la cosas. Y eso es gracias, en parte, a nuestro cerebro y sus incontables neuronas.

Nuestro sistema nervioso nos controla (¡por suerte!). Se encarga de tus latidos, de tu respiración, de que agarres el lápiz, de lo que piensas, de tus sentimientos. Está formado por el cerebro, la médula espinal y todos los nervios del cuerpo. El cerebro, ya lo sabes, es el «jefe» y la médula espinal es la autopista que conecta con él. Los nervios transmiten mensajes del cerebro hacia el cuerpo (y del cuerpo hacia el cerebro).

Una NEURONA tiene un núcleo y extensiones, llamadas axones y dendritas. Los conjuntos de axones, denominados nervios, se reparten por todo el cuerpo. La neurona sirve para recibir, procesar y transmitir información. Nacemos con cerca de 85 000 millones de neuronas, aunque las vamos perdiendo poco a poco, desde el mismo día en que nacemos. No podemos crear neuronas, no se reproducen.

Dendritas

Núcleo

Axones

EL DATO

Se nos muere una neurona cada segundo. Cuando llegamos a viejos, el cerebro conserva el 70 % de las que tenía de joven.

¡OJO!

El sistema nervioso se divide en dos: el SOMÁTICO, que es el que hace lo que le mandas, y el AUTÓNOMO, que se encarga de todas las acciones involuntarias que necesitamos para vivir: digerir, respirar…

EL RETO

Las neuronas se entrelazan unas con otras y forman una red... ¡muy parecida a la que ves abajo! En esta, tendrás que encontrar el número 1 y, desde entonces, ir sumando de uno en uno hasta llegar al 100. ¡Ten cuidado y no te pierdas!

Vista de águila

Los ojos, nuestras ventanas al mundo

¿Hay alguna parte más hermosa en nuestro cuerpo que los ojos? Estos órganos tan evolucionados nos permiten captar la luz y vivir experiencias sensoriales fascinantes. Pero, también, son una parte fundamental de nuestra personalidad.

**70 %
OJOS MARRONES**

**10 %
OJOS AZULES**

**3 %
OJOS VERDES**

¡OJO!

Los humanos tenemos los ojos de varios colores, pero los más comunes son el marrón, el azul y el verde. También los hay violetas, negros o grises.

EL DATO

Aproximadamente el 1 % de las personas en el planeta tienen heterocromía, es decir, cada uno de sus ojos de un color distinto.

Es una gran suerte contar con unos ojos tan perfectos, te lo aseguramos. Su función principal es la de órgano fotorreceptor, es decir, es el encargado de percibir la luz. Porque ver, lo que se dice ver… ¡ve el cerebro! Visto desde fuera, tiene tres partes principales: la PUPILA, que es un agujero negro por donde entra la luz; el IRIS, un músculo encargado de abrir o cerrar la pupila, según haya más o menos luz, y que tiene unos colores fascinantes; y la parte blanca, la ESCLERÓTICA, una membrana que protege el interior del ojo.

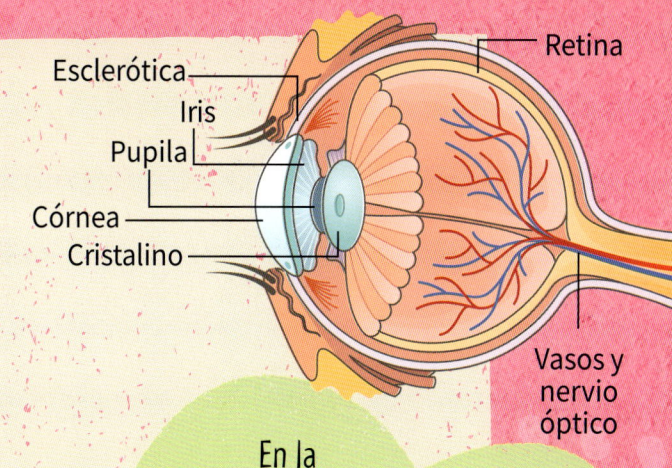

Esclerótica
Iris
Pupila
Córnea
Cristalino
Retina
Vasos y nervio óptico

En la parte interior del ojo hay células encargadas de convertir la luz en impulsos eléctricos, que llegan al cerebro a través del NERVIO ÓPTICO.
También puedes olvidarte de lo más físico: hay una función especial de los ojos, muy poética: dicen que son las ventanas de nuestra alma. ¿Se puede conocer a una persona mirándole a los ojos? Si lloran, al menos, sabremos que está triste o emocionada.

EL RETO

Aquí tenemos unos cuantos ojos verdes y otros azules. Los verdes miran hacia los lados; los azules, hacia arriba y hacia abajo. Así que tendrás que VER cuántos verdes miran a la izquierda y cuántos, a la derecha; y cuántos azules miran arriba y cuántos, abajo.

Oído fino

Escucha el mundo y serás más sabio

Los sonidos están por todas partes, y tú tienes dos partes de tu cuerpo geniales para escucharlos: ¡los oídos! Cada uno consta de tres partes diferentes, que funcionan conjuntamente para captar sonidos y transmitírselos al cerebro: el **oído externo**, el **oído medio** y el **oído interno**.

Ondas sonoras

Oreja

Cuando se produce un sonido fuera del OÍDO EXTERNO, las ondas sonoras, o vibraciones, viajan hasta el conducto auditivo externo y golpean el tímpano, que vibra. Las vibraciones pasan a los tres pequeños (¡pequeñísimos!) huesos del oído medio, que amplifican el sonido y transmiten las ondas sonoras al oído interno. Allí se convierten en impulsos eléctricos que viajan al cerebro por el nervio auditivo. Y, por último, nuestro cerebro traduce estos impulsos en… ¡sonido!

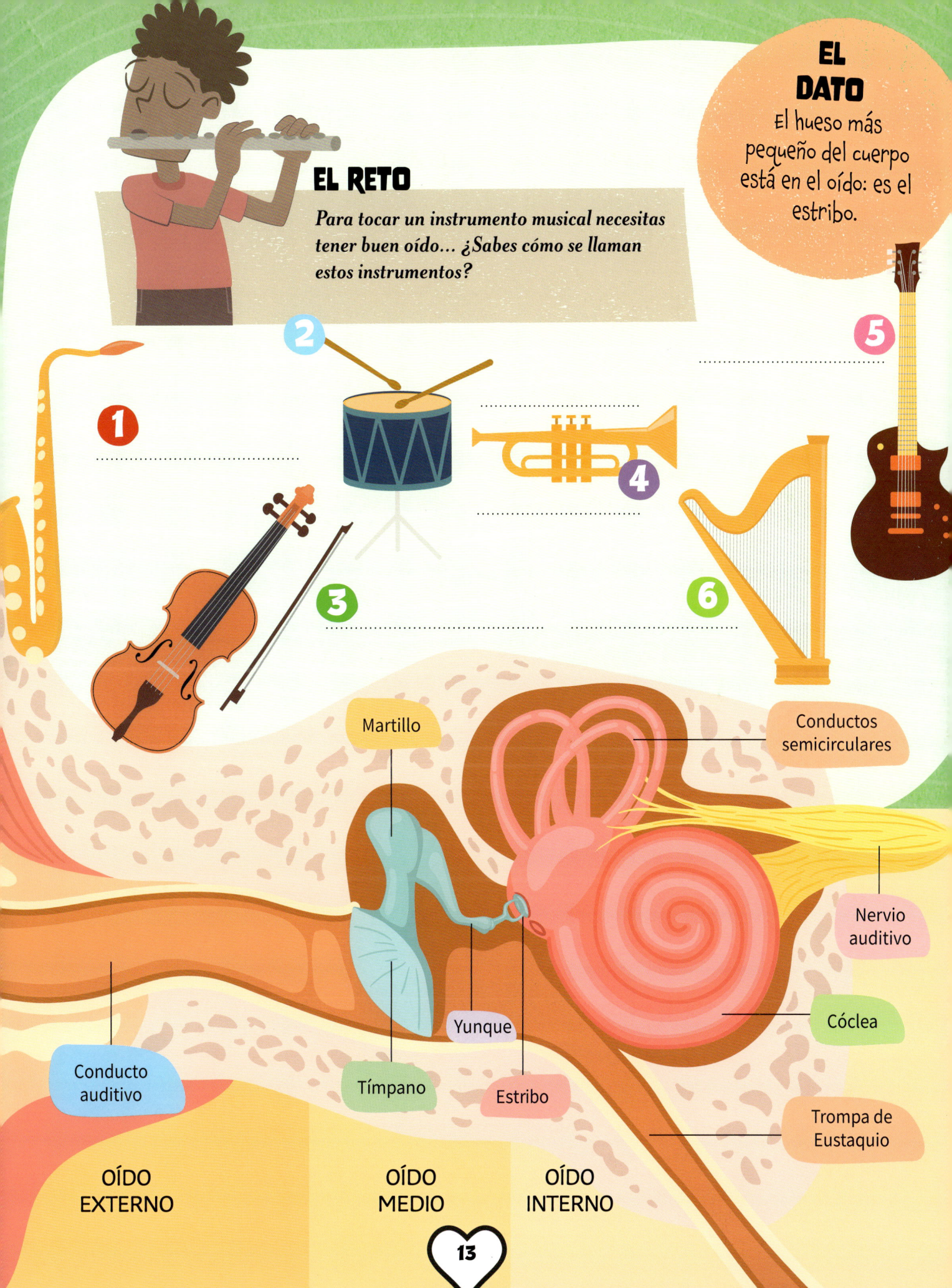

EL RETO

Para tocar un instrumento musical necesitas tener buen oído… ¿Sabes cómo se llaman estos instrumentos?

EL DATO

El hueso más pequeño del cuerpo está en el oído: es el estribo.

1

2

3

4

5

6

Martillo

Yunque

Tímpano

Estribo

Conducto auditivo

Conductos semicirculares

Nervio auditivo

Cóclea

Trompa de Eustaquio

OÍDO EXTERNO

OÍDO MEDIO

OÍDO INTERNO

13

¡Esto huele muy bien!

Una explosión de olores delante de ti

Uno de los mayores placeres de los sentidos es aspirar un buen olor. Nos puede transportar muy lejos, o a momentos y lugares muy queridos. Son nuestra nariz, y los tejidos que se encuentran en su interior, quienes nos proporcionan esta oportunidad: acuérdate de ellos cuando disfrutes del olor a tierra mojada...

NERVIO OLFATORIO

BULBO OLFATORIO

AIRE (POR LA LARINGE, HACIA LOS PULMONES)

Tenemos un órgano especializado en olores: la nariz. Por cada una de las FOSAS NASALES (o narinas) entra un aire que no solo nos sirve para respirar y mantenernos vivos (¡que solo por eso ya merece la pena tener nariz!). En la parte superior de la cavidad nasal está el BULBO OLFATORIO, donde hay unas células encargadas de transformar los componentes químicos del olor en impulsos nerviosos, que van al cerebro. Se dice que el sentido del olfato de un perro es mil veces más sensible que el de los humanos. De hecho, un perro tiene más de 220 millones de receptores olfativos en la nariz, mientras que los humanos solo tienen 5 millones.

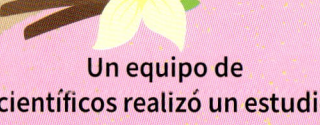

Un equipo de científicos realizó un estudio en 2022, con personas de diferentes culturas, y determinó que el olor favorito de la humanidad es el de... ¡la vainilla!

EL DATO

Aproximadamente el 5% de las personas tienen ANOSMIA o falta de olfato.

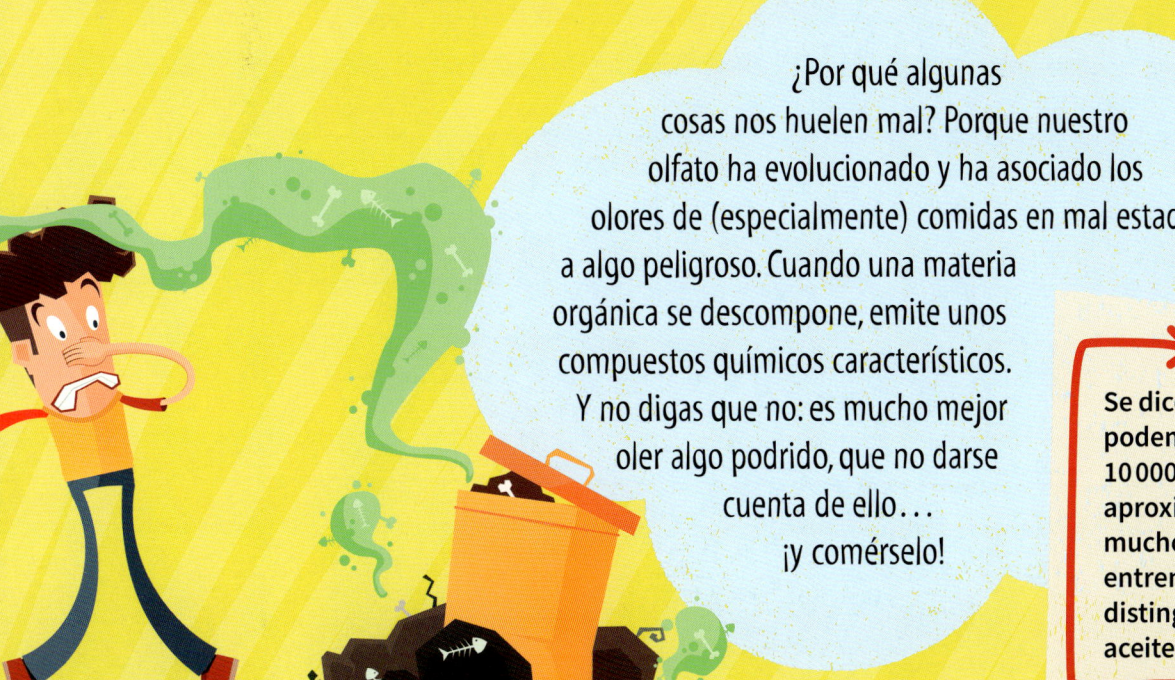

¿Por qué algunas cosas nos huelen mal? Porque nuestro olfato ha evolucionado y ha asociado los olores de (especialmente) comidas en mal estado a algo peligroso. Cuando una materia orgánica se descompone, emite unos compuestos químicos característicos. Y no digas que no: es mucho mejor oler algo podrido, que no darse cuenta de ello... ¡y comérselo!

►¡OJO!◄

Se dice que los humanos podemos identificar unos 10 000 aromas distintos, aproximadamente. No son muchos, pero hay quien entrena su olfato para distinguir mejor vinos y aceites, por ejemplo.

EL RETO

En el juego de abajo, las cosas que huelen bien SUMAN, y las que huelen mal, RESTAN. Ahora tienes que averiguar cuánto valen cada una de ellas.

🍊 + 🍊 − 🧦 − 👤 = **3**

🍊 + 🍊 − 🧦 − 🧦 = **2**

🍊 + 🍊 − 👤 − 👤 = **4**

🌼 + 🍊 − 🧦 − 👤 = **4**

El gusto es tuyo

La lengua, la llave de los sabores

En la boca tenemos dientes encargados de masticar y una sonrosada lengua especialista en saborear. Y es que no podríamos vivir sin sentido del gusto, porque hace de la nutrición algo más que un deber para estar vivos. ¡También es un placer!

EL RETO

Hay partes de la boca especializadas en reconocer cada uno de los sabores. En esta página hay 15 alimentos que deberás distribuir en cada uno de ellos. ¡Esperamos que no te entre mucha hambre haciéndolo!

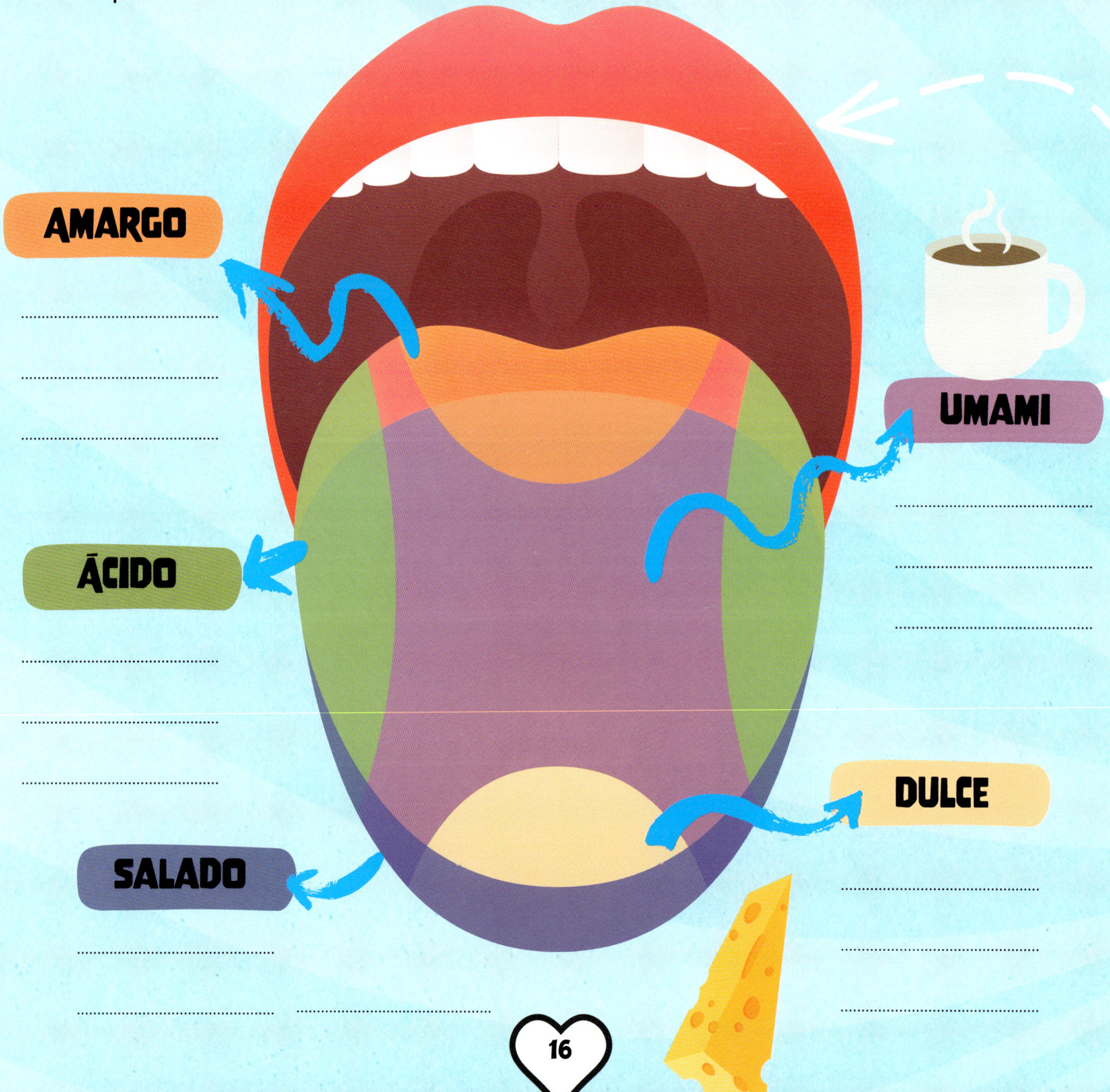

AMARGO

....
....
....

UMAMI

....
....
....

ÁCIDO

....
....
....

DULCE

....

SALADO

....
....

16

Gracias al sentido del gusto pasamos muy buenos ratos: en la heladería, en un restaurante, en casa de la abuela… Podríamos pensar que el sentido del gusto existe para darnos placer. Pues lo hace, sí, pero no existe solo para eso: su función principal es ayudarnos a seleccionar los alimentos más adecuados para nuestra nutrición. Y, por otro lado, para que evitemos las sustancias peligrosas para la vida por ser tóxicas o por estar podridas.

Hay diferentes papilas gustativas por toda la lengua

Existen cinco sabores: el amargo, el ácido, el salado, el dulce y el umami. Mucha gente desconoce el UMAMI y eso es porque se habla de él desde hace poco años. En Japón lo conocían desde 1908; de hecho, umami significa «delicioso» en japonés. Es un sabor difícil de describir, una mezcla de los otros cuatro, pero cuando se aprende a reconocer resulta… ¡pues eso, delicioso! Se encuentra en frutos como el tomate, (sí, es un fruto), todo tipo de setas, hortalizas como la espinaca o los espárragos y carnes, mariscos y pescados.

EL DATO
Tenemos unas 10 000 PAPILAS GUSTATIVAS repartidas por la lengua. Sin embargo, no todo el mundo tiene las mismas y se van perdiendo según nos hacemos mayores.

¡OJO!
Los botones gustativos están dentro de las papilas gustativas, que se distribuyen por toda la lengua, son los encargados de reconocer los sabores.

Y toco porque me tira

Tocar, acariciar, abrazar, sentir placer... ¡o dolor!

El tacto es lo que nos permite sentir y tocar a las personas o a los objetos a nuestro alrededor. Gracias al tacto podemos disfrutar de dar una caricia o de ser acariciados. Y el órgano que se encarga de este sentido es bastante especial: la piel, que nos recubre y protege.

La PIEL es fantástica. Nos permite saber si hace frío o calor, y ni siquiera necesita tocar las cosas. También nos protege, porque si tocamos la espina de un cactus, manda señales al cerebro para decirle que eso duele, que es peligroso, que no se tiene que volver a repetir. Pero además la piel NOS PROTEGE de los virus y bacterias del exterior. No les deja pasar, nos mantiene limpios y seguros por dentro. ¿No te sientes más tranquilo teniendo piel? Hay gente que se deja la piel en su trabajo, por su familia... Pero eso es solo una frase hecha: cuida tu piel.

EL DATO

Hay diferentes tipos de piel. Las más oscuras resisten mejor los rayos de sol intensos. Las más blancas necesitan más protección.

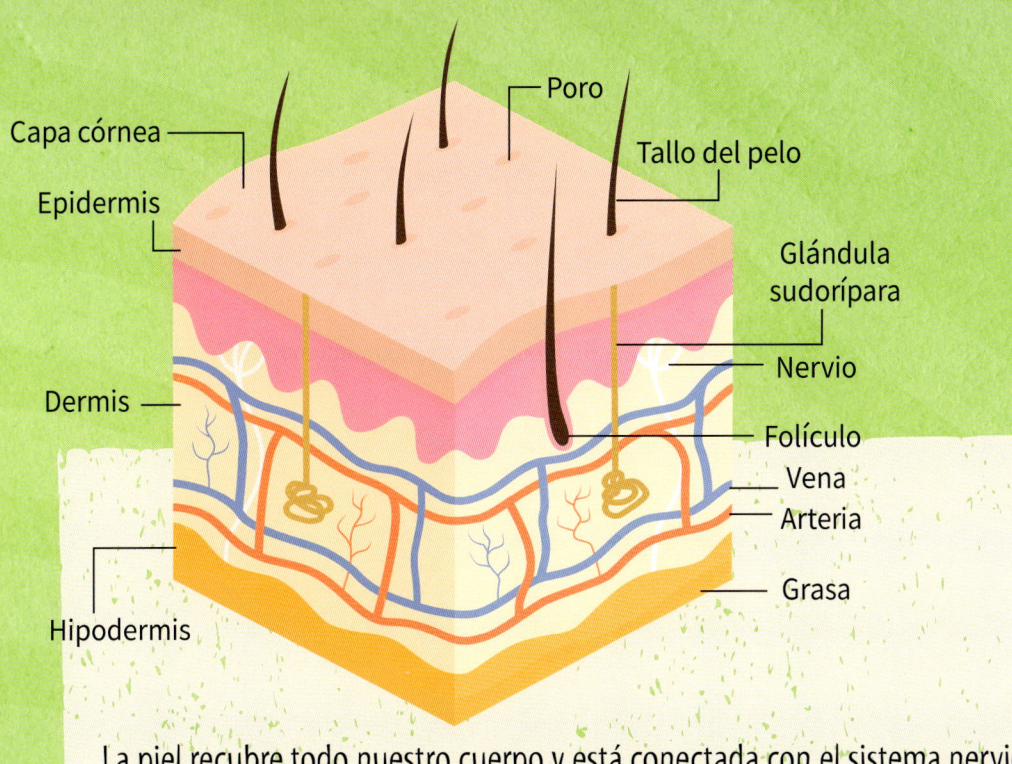

Capa córnea

Epidermis

Dermis

Hipodermis

Poro

Tallo del pelo

Glándula sudorípara

Nervio

Folículo

Vena

Arteria

Grasa

¡OJO!

Cuando hace mucho frío, o cuando nos emocionamos, se nos ponen los pelos de punta. El músculo encargado de tensar esos pelos se llama horripilador. ¡Vaya nombre!

La piel recubre todo nuestro cuerpo y está conectada con el sistema nervioso. Son como dos socios que se necesitan para decirle al cerebro lo que está pasando a nuestro alrededor. La piel siente, los nervios transmiten, el cerebro recibe y decide. Otra cosa extraordinaria de la piel es que nos hace únicos (¡únicos de verdad!). En la punta de los dedos, en las yemas, la piel forma unos surcos que dan vueltas, se retuercen… y crean las HUELLAS DACTILARES. Estas huellas son tan peculiares que no se conoce a dos personas que las tengan iguales, ¡ni siquiera dos hermanos gemelos! Si miras muy de cerca la punta de tus dedos, las podrás identificar. ¡Son solo tuyas!

EL RETO

Las manos son las que más cosas tocan a lo largo del día. Los dedos nos permiten agarrar, acariciar, sentir… En esta página hay muchas manos y muchos dedos, pero… ¿sabrías decir cuántos dedos estirados ves? ¡Cuenta, cuenta!

El pelo, amigo y abrigo

Fino, flexible y multifuncional

Pese a que a muchas personas les encante ir a la peluquería, el pelo no está hecho para embellecernos. Una bonita cabellera es preciosa, pero su función principal es la de protegernos del frío. Pero es que, además, no solo tenemos pelo en la cabeza...

En general, hay pelo o vello por todo el cuerpo. El VELLO es como el pelo, pero más delgado y proporciona calor a la vez que protege la piel. Otra función del pelo es ayudar a que huelas. ¡Créetelo! El pelo que tienes en las axilas y en los genitales se «alía» con tu sudor para que desprendas un olor. Quizá en nuestro mundo no sea tan útil —en realidad, no nos gusta nada— pero en nuestro pasado animal era algo imprescindible.

También hay pelos en la nariz, en las orejas y alrededor de los ojos. En estos casos, sirven para proteger esas zonas del polvo y de otras partículas microscópicas. Los pelos del interior de la nariz, por ejemplo, impiden el paso de parte de la CONTAMINACIÓN y de bacterias y virus. Cuando el exceso de luz o de polvo puede provocar algún problema, las cejas y las pestañas ayudan a que no nos molesten.

EL DATO

Las cifras varían según la persona, pero de media, en la cabeza, tenemos unos 125 000 pelos. Si sumamos el vello, repartido por todo el cuerpo, ¡llegamos a los cinco millones!

¡Pese a ser tan finos, los pelos tienen tres capas!

Corteza

Médula

Cutícula

¡OJO!

Lo que nos sale de la piel, como los pelos y las uñas, son las FANERAS. En los animales son las plumas, las pezuñas, las escamas y los cuernos.

EL RETO

Estos «simpáticos» piojos te quieren dar un mensaje. Une los números con las letras en las puntas de los pelos y sabrás qué quieren decir.

A veces se nos meten en el pelo unos insectos pequeñísimos: los piojos. Pican mucho, pero con un tratamiento antipiojos, pronto saldrán de tu cabeza.

¡Cuida tus uñas!

Nuestras pequeñas y duras aliadas

Las uñas nos sirven para lucir formas y colores, por supuesto. Pero tienen unas funciones biológicas, así que te guste pintártelas o no, debes cuidártelas. Las uñas de los pies, ya te habrás dado cuenta, nos crecen hasta... ¡cuatro veces más despacio que las de las manos!

Hace millones de años, nuestras uñas eran GARRAS, pero hemos evolucionado. Ahora no nos hace falta excavar ni luchar. Son un apoyo para las puntas de los dedos, nos protegen de lesiones y, ¡muy importante!, nos ayudan a tomar objetos pequeños o a trabajos «finos» como deshacer un nudo. Y, cómo no, son el instrumento ideal para rascarnos cuando nos pica... ¡pero sin pasarse!

¿Cómo se forman las uñas? Pues de manera muy parecida a como lo hacen los pelos. En ambos casos, es un proceso que se llama QUERATINIZACIÓN. En la base de la uña (o en la raíz del pelo) se acumulan una serie de células específicas. Esas células empujan hacia arriba y en ese momento dejan de recibir alimento y... ¡se mueren! Pero eso no es un problema, ¡al contrario! Entonces comienzan a formar una proteína dura, la queratina

Lámina ungueal   Lúnula

Borde libre ———   Cutícula

Cuando te cortes las uñas, es conveniente que los hagas como en la imagen de la izquierda, para no dañar los extremos.

EL RETO

En la familia Pérez tocaba día de cortarse las uñas, las de las manos y las de los pies. Aquí podemos ver todas ellas. Si las cuentas, podrás saber cuántas personas forman la familia Pérez. ¡Solo te hará falta algo de atención y un poco de matemáticas!

EL DATO

De media, las uñas nos crecen 0,1 mm cada día; es decir, cerca de 1 mm cada diez días. ¡Y nos crecen más rápido en verano!

¡OJO!

Morderse las uñas es un problema, ¡te puede causar infecciones dolorosas!

Tu esqueleto no da miedo

Somos duros por dentro

Todo el mundo tiene un esqueleto: tus padres, tu profesora, incluso tu mejor amigo. Y es que todos necesitamos algo que nos sostenga, y para eso nada mejor que este conjunto de huesos perfectamente articulado.

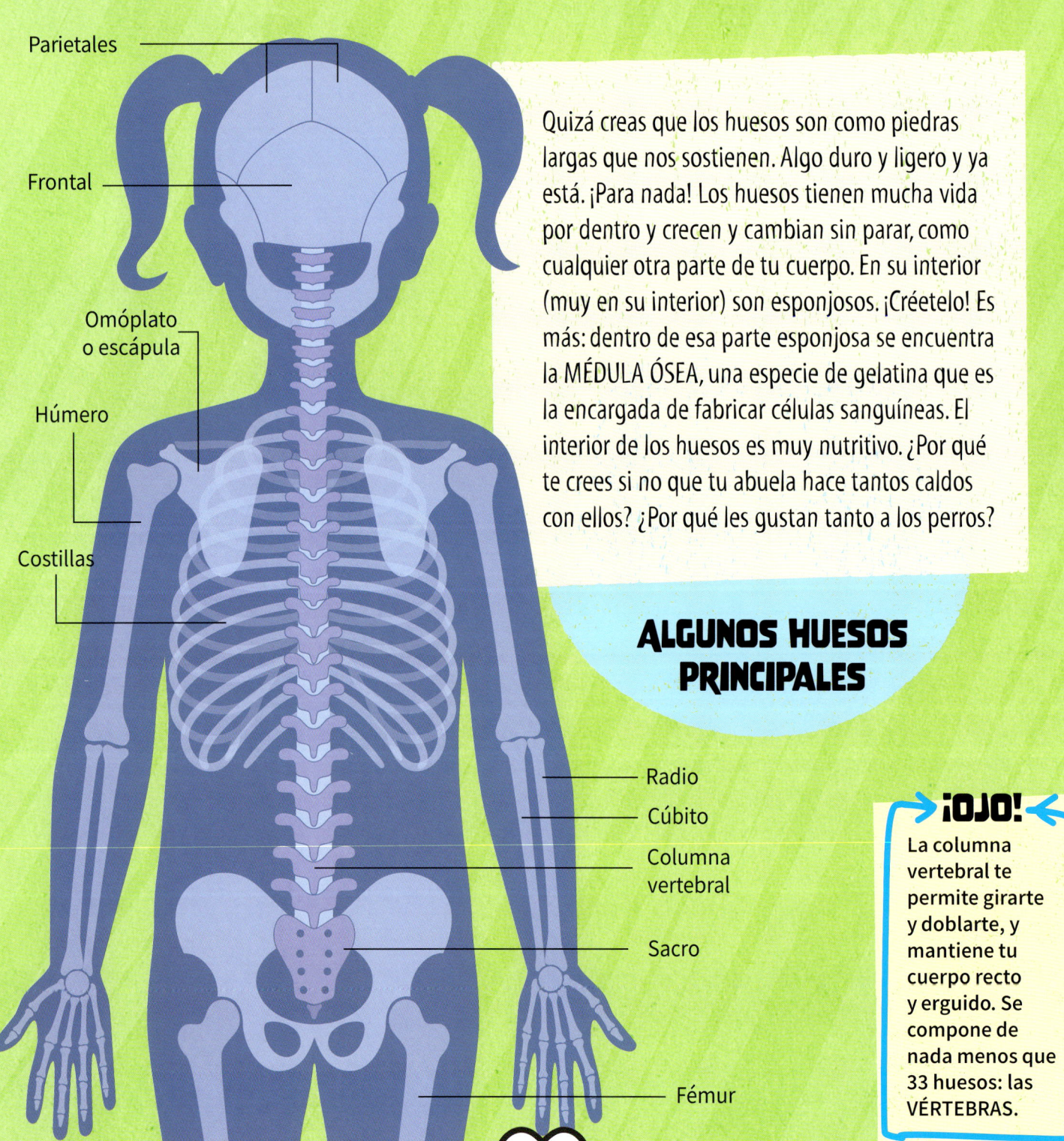

Parietales

Frontal

Omóplato o escápula

Húmero

Costillas

Quizá creas que los huesos son como piedras largas que nos sostienen. Algo duro y ligero y ya está. ¡Para nada! Los huesos tienen mucha vida por dentro y crecen y cambian sin parar, como cualquier otra parte de tu cuerpo. En su interior (muy en su interior) son esponjosos. ¡Créetelo! Es más: dentro de esa parte esponjosa se encuentra la MÉDULA ÓSEA, una especie de gelatina que es la encargada de fabricar células sanguíneas. El interior de los huesos es muy nutritivo. ¿Por qué te crees si no que tu abuela hace tantos caldos con ellos? ¿Por qué les gustan tanto a los perros?

ALGUNOS HUESOS PRINCIPALES

Radio

Cúbito

Columna vertebral

Sacro

Fémur

¡OJO!

La columna vertebral te permite girarte y doblarte, y mantiene tu cuerpo recto y erguido. Se compone de nada menos que 33 huesos: las VÉRTEBRAS.

EL RETO

¿Te interesa el reciclaje? Bueno, ¡pues a reciclar! Aquí abajo hay un hueso roto… ¡Con el que vamos a hacer un sabroso caldo! Pero antes tendrás que encontrar la ruta hasta el caldero. ¡Cuídate de los caminos equivocados!

EL DATO

El cuerpo humano tiene 206 huesos diferentes. Cuando nacemos hay unos 300, pero en unos meses se juntan y se quedan en esos 206.

CUATRO PARTES PRINCIPALES DEL HUESO

Hueso esponjoso

Hueso compacto

Médula ósea

Periósteo (membrana)

Es muy importante cuidar de tus huesos. Puedes reforzar tu esqueleto bebiendo leche y comiendo otros productos lácteos (como el queso o el yogur… ¡incluso un helado!). Son alimentos que contienen CALCIO, el elemento que ayuda a endurecer y reforzar los huesos. Es cierto que si un hueso se te rompe, se acaba por curar, pero es un proceso largo. ¡Mejor lleva casco y protecciones!

La fuerza muscular

Unos fieles servidores... y con vida propia

Tienes cientos de músculos a tu disposición. Unos te hacen caso inmediatamente –para ponerte el abrigo, por ejemplo–, otros trabajan por su cuenta, como el corazón.

Todos nuestros músculos se componen del mismo material. Es un tipo de tejido elástico, al que podríamos comparar con una goma. Cada músculo lo forman miles... o incluso decenas de miles de pequeñas fibras. Existen tres tipos de músculos. Los que más conoces son los ESQUELÉTICOS, que son los que te ayudan a correr, a lanzar a canasta o a jugar al tenis. Están hechos de largas fibras claras y oscuras, por lo que también se les llama ESTRIADOS. Estos músculos están unidos a los huesos por medio de los tendones. Los TENDONES son como unas cuerdas de un tejido muy resistente que conectan músculos y huesos entre sí. Cuando contraes un músculo, el tendón y el hueso se mueven a la vez. ¡La verdad es que tenemos un diseño estupendo!

ALGUNOS GRUPOS MUSCULARES

Hay cientos de músculos, pero los podemos agrupar en varios conjuntos que trabajan al mismo tiempo. Aquí te dejamos algunos de esos grupos (y entre paréntesis, los músculos principales).

1. CUELLO (trapecio)
2. PECHO (pectoral)
3. HOMBROS (deltoides)
4. BRAZO (bíceps y tríceps)
5. TORSO (abdominales)
6. ANTEBRAZO (flexor)
7. MUSLOS (cuádriceps)
8. PANTORRILLA (gemelos)

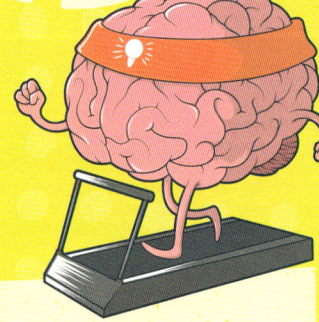

¡OJO!

Cuidar tus músculos también es cuidar de tu mente. Cuando hacemos ejercicio, nuestro cerebro segrega una sustancia llamada serotonina, que nos hace sentir bien. ¡Está todo pensado!

EL RETO

Te proponemos un juego de memoria. En la página izquierda tenemos el dibujo de un hombre y sus músculos. Parece el mismo que el de la derecha, pero los colores han cambiado de sitio. Fíjate durante un minuto. ¿Serías capaz de, sin mirar, decir en qué color se ha convertido en el dibujo de la derecha?

AZUL CLARO ➡ ....

NARANJA ➡ ....

VERDE CLARO ➡ ....

ROJO ➡ ....

MORADO ➡ ....

AZUL OSCURO ➡ ....

ROSA ➡ ....

VERDE OSCURO ➡ ....

MARRÓN ➡ ....

Quizá ya las hayas sentido —y sufrido— alguna vez. Cuando haces mucho ejercicio, sobre todo si este tipo de ejercicio es nuevo para ti, al día siguiente te levantas cansado y dolorido. ¡Son las AGUJETAS! No se sabe con seguridad la razón por la que nos sucede esto. La mayoría de investigadores cree que es porque se nos rompen un poquito unas pequeñas fibras. En cualquier caso, en un par de días... ¡estarás como nuevo!

Hay tres tipos de músculos, como ves en los círculos numerados:

1. CARDÍACOS (del corazón).
2. LISOS (controlan funciones involuntarias).
3. ESQUELÉTICOS (los que utilizamos para mover el cuerpo).

Late que te late

El corazón, un trabajador fiel e incansable

El cuerpo tienes dos «jefes». Uno es el cerebro, el otro, el corazón. Este último se pasa todo el día trabajando sin parar, no se puede tomar ni un minuto de vacaciones. Empujar la sangre es su misión.

¡Pum pum, pum pum! El corazón es un músculo y nunca deja de latir. Cada latido es un movimiento en el que se contrae y se relaja. El movimiento de contracción se llama SÍSTOLE y el de relajación se llama DIÁSTOLE. Gracias a algo tan «sencillo» la sangre fluye sin parar por todos los rincones del cuerpo.

Las arterias y las venas llevan la sangre al corazón. La parte izquierda distribuye la sangre hacia todo el cuerpo. La parte derecha recoge la sangre con desechos de dióxido de carbono y la empuja hacia los pulmones, para que se oxigene. Con todo ese trabajo, ¡es muy importante hacer DEPORTE para mantenerlo en forma!

Vena superior cava

Arteria aorta

Vena pulmonar

1. Aurícula derecha.
2. Ventrículo derecho.
3. Aurícula izquierda.
4. Ventrículo derecho.

Como ves, el corazón se divide en cuatro partes. Pesa unos 300 g y mide casi lo que tu puño.

ECG

BP

60

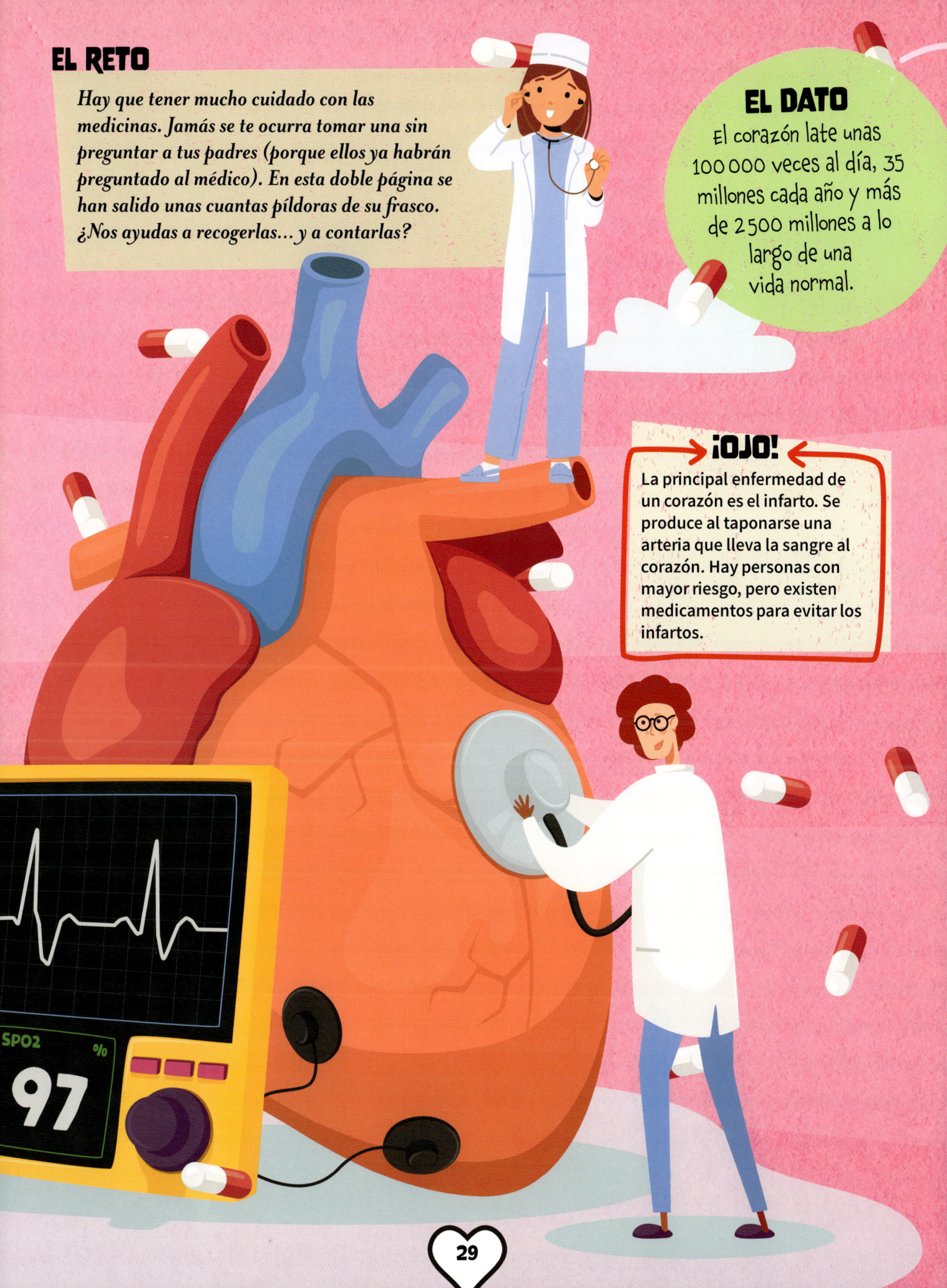

EL RETO

Hay que tener mucho cuidado con las medicinas. Jamás se te ocurra tomar una sin preguntar a tus padres (porque ellos ya habrán preguntado al médico). En esta doble página se han salido unas cuantas píldoras de su frasco. ¿Nos ayudas a recogerlas… y a contarlas?

EL DATO

El corazón late unas 100 000 veces al día, 35 millones cada año y más de 2 500 millones a lo largo de una vida normal.

¡OJO!

La principal enfermedad de un corazón es el infarto. Se produce al taponarse una arteria que lleva la sangre al corazón. Hay personas con mayor riesgo, pero existen medicamentos para evitar los infartos.

SPO2   %

97

¡Circulen, circulen!

Miles de kilómetros en nuestro interior

El sistema circulatorio lo forman los vasos sanguíneos, que transportan sangre desde el corazón y hasta el corazón. Cuidar todo este aparato nos permitirá tener una vida más larga y saludable.

Cuando el corazón late, bombea sangre a todo el cuerpo, y con ello se lleva oxígeno a todas y cada una de sus células: es su principal «ALIMENTO» para funcionar. Después de distribuir el oxígeno, la sangre regresa al corazón. Desde allí, el corazón manda sangre a los pulmones, donde se vuelve a cargar de oxígeno. Este ciclo se repite una y otra vez. ¡Es la base de nuestra vida!

Es importante que conozcas los CAPILARES, unos vasos sanguíneos muy finos donde se produce el intercambio capilar con los tejidos. Debido a su escaso grosor, facilitan el paso de los nutrientes (oxígeno, glucosa, sales, etc.) a las células, a la vez que estas les «devuelven» sus desechos, como el dióxido de carbono. El cuerpo humano funciona así: ¡de lo pequeño a lo grande!

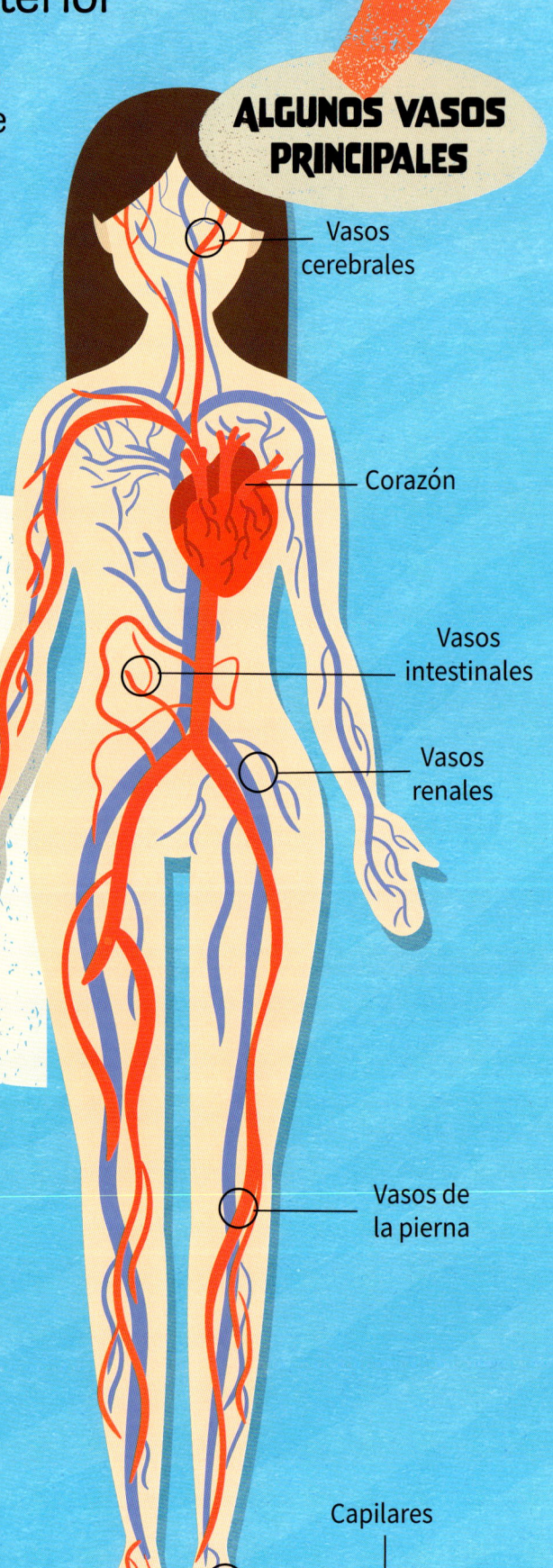

ALGUNOS VASOS PRINCIPALES

Vasos cerebrales

Corazón

Vasos intestinales

Vasos renales

Vasos de la pierna

Capilares

EL RETO

Nuestro cuerpo contiene miles de kilómetros en vasos sanguíneos. La verdad es que la circulación es un poco liosa ahí dentro. ¿Puedes intentar poner un poco de orden y unir los vasos de estos órganos con sus nombres?

EL DATO

Si se estirasen todos los vasos sanguíneos que tenemos, alcanzarían una longitud de... ¡100 000 km!

CORAZÓN

HÍGADO

RIÑÓN

ESTÓMAGO

La sangre es vida

Un mundo fluye en nuestro interior

Cuando te haces una herida, sangras. Eso te habrá pasado muchas veces. Nuestro cuerpo la necesita para sobrevivir. Pero ¿sabes bien de qué está formada este valioso líquido?

¡OJO!

Un adulto tiene unos cinco litros de sangre en su cuerpo.

La sangre está formada por células sanguíneas y plasma, donde «flotan» esas células. Hay varios tipos; te destacamos las tres principales.

Los GLÓBULOS ROJOS, o eritrocitos, son los que transportan el oxígeno y dan el color típico de la sangre.

Los GLÓBULOS BLANCOS, o leucocitos, ayudan al cuerpo a defenderse de las infecciones.

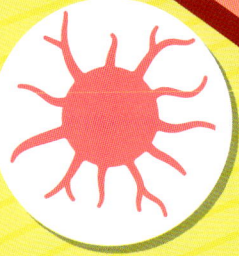

Las PLAQUETAS, o trombocitos, se encargan de taponar las heridas en los vasos sanguíneos.

No toda la sangre es igual. Existen cuatro tipos, que se definen con las letras A, B, AB y O. Estos símbolos representan unas proteínas que están en los glóbulos rojos. Además, la sangre puede ser «positiva» o «negativa»: es lo que se llama el factor Rh. Si tu sangre es positiva, eso quiere decir que tienes esa proteína. Si es negativa, no la tienes. Así que, en realidad, ¡hay ocho tipos! Es muy importante saber esto para hacer TRANSFUSIONES de sangre.

EL DATO

Cada glóbulo rojo vive unos 4 meses. En cambio, algunos glóbulos blancos viven horas... ¡y otros, años!

La sangre es imprescindible para vivir. Su función principal es transportar oxígeno y nutrientes a todas las partes del cuerpo. ¡Solo así pueden seguir funcionando! Pero ojo, también transporta DIÓXIDO DE CARBONO y otros materiales de desecho hasta los pulmones, los riñones y el sistema digestivo, que se encargan de expulsarlos al exterior. Además, la sangre lucha contra las infecciones, y transporta hormonas por todo el cuerpo.

EL RETO

En la arteria que cruza estas páginas puedes ver glóbulos blancos, glóbulos rojos y plaquetas. ¿Cuántos de cada tipo? ¡Cuenta bien y acertarás!

Un laboratorio portátil

Él te cuida, tú lo cuidas

Si hay un órgano multiusos en nuestro cuerpo, ese es el hígado. Tiene varias funciones: desintoxicar, almacenar energía, fabricar la bilis, el colesterol, células contra los parásitos... ¡Es toda una mina! ¡Cuídalo!

El hígado nos ayuda porque elimina las toxinas presentes en la sangre, es decir, la PURIFICA. Cuando hacemos la digestión, no todo lo que comemos o producimos al comer es bueno, y el hígado lo identifica y lo descompone. Luego, la bilis se lo lleva a la orina o a las heces. ¡Si no fuera por ti, hígado, estaríamos envenenados! El hígado nos protege de los malos alimentos, pero agradece que no le des mucho trabajo y que comas sano.

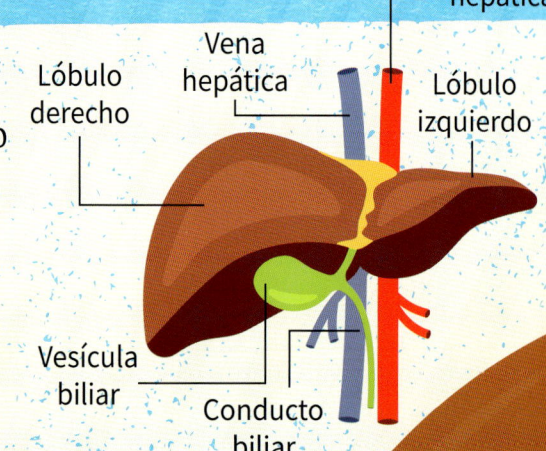

Arteria hepática

Vena hepática

Lóbulo derecho

Lóbulo izquierdo

Vesícula biliar

Conducto biliar

¿Hemos dicho «bilis»? ¡Quizá no conozcas bien esta palabra! Es una sustancia que produce el hígado, que sirve para digerir las GRASAS. Cuando se oxida, pasa de ser amarillenta a marrón. Recuerda bien esto, porque es la principal responsable de que la orina sea amarilla y la caca, marrón. En el segundo caso, como dura más tiempo, se oscurece. Y por eso, cuando hay diarrea y tenemos mal el estómago y echamos todo enseguida, el color es más claro de lo normal.

Pero nos quedan más funciones del hígado por enumerar. Por ejemplo, es el encargado de almacenar el GLUCÓGENO, que es como nuestro combustible de reserva. Cuando necesitamos energía instantánea, el hígado descompone el glucógeno y libera la glucosa en la sangre, para que la lleve a los músculos. También descompone los medicamentos en las sustancias que necesitamos para curarnos. ¡Gracias de nuevo, hígado!

EL RETO

Está muy bien transformar una cosa en otra, pero lo que no se puede es transformar una palabra en otra que no existe. Aquí tenemos unos términos que aparecen por todo el libro, pero muy mal escritos. ¡Vaya desastre! ¿Sabrías tú ponerlos bien?

- ☒ **IGADO** ☑ ....
- ☒ **LEUKOZITO** ☑ ....
- ☒ **GÜESO** ☑ ....
- ☒ **HINSPIRAR** ☑ ....
- ☒ **OBULO** ☑ ....
- ☒ **HUMAMI** ☑ ....
- ☒ **NERBIO** ☑ ....
- ☒ **HINFECION** ☑ ....
- ☒ **VAKTERIA** ☑ ....
- ☒ **OPTICÓ** ☑ ....

EL DATO

En un adulto, el hígado mide unos 25 cm de ancho, 15 cm de alto y unos 8 cm de espesor, y pesa cerca de 1,5 kg.

¡OJO!

¿Sabes que hígado viene de la palabra «higo»? Los romanos cebaban con higos a los animales de quienes comían el hígado, porque tomaba un sabor delicioso. Con el tiempo, la expresión «cebado con higos» fue evolucionando hasta quedarse en «hígado». ¡Qué curioso!

Filtrar y filtrar

Los riñones nos dejan bien limpios

Nuestro cuerpo es una fábrica, y como tal, necesita un poco (o mucha) limpieza. Gran parte la llevan a cabo los riñones, dos fieles órganos que ponen orden en nuestra sangre, ¡unos auténticos aspiradores!

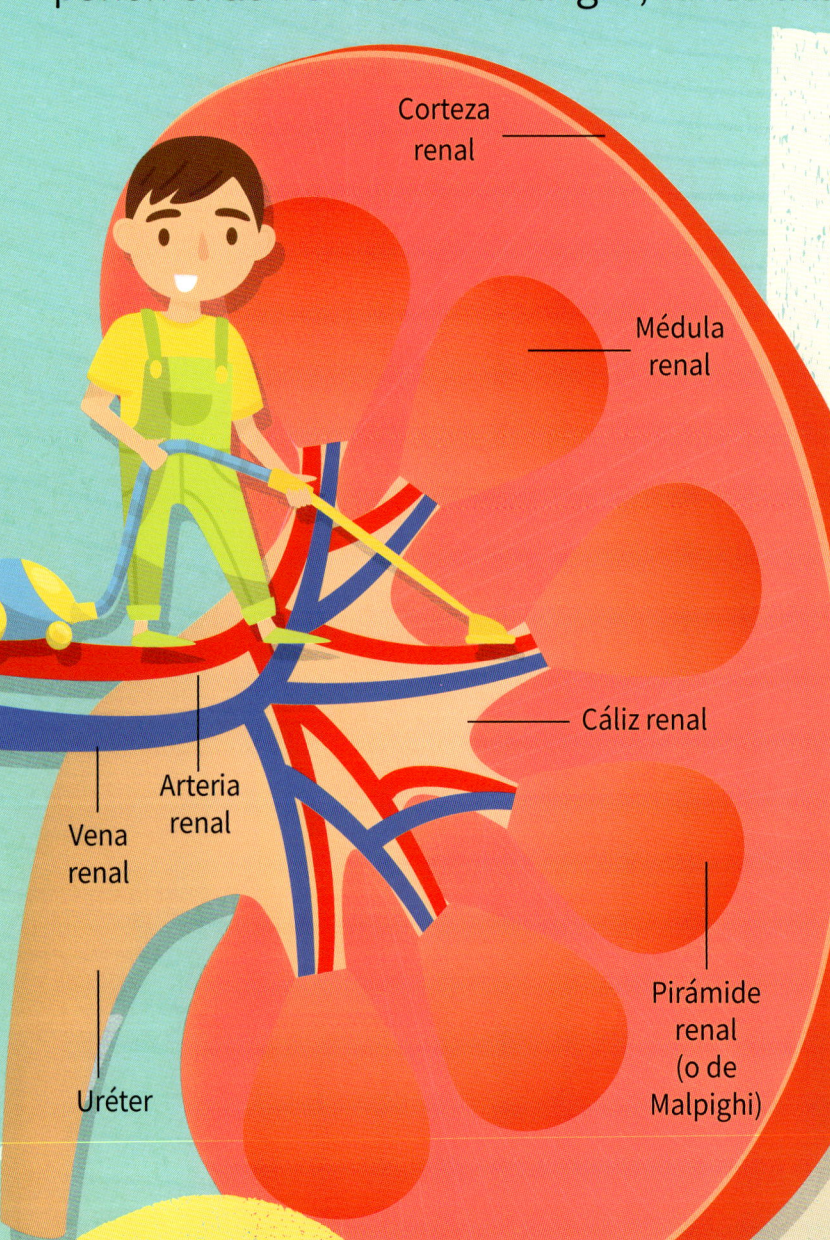

Corteza renal

Médula renal

Cáliz renal

Vena renal

Arteria renal

Uréter

Pirámide renal (o de Malpighi)

Tenemos dos riñones idénticos, uno a cada lado de la cintura. Bueno, el derecho está un poco más abajo, para dejar hueco al hígado. Cada riñón mide unos 12 cm de largo y 6 de ancho y pesa entre 125 y 150 g en un adulto. Su función es filtrar la sangre que les llega y liberarla de desechos. También ayudan a mantener el EQUILIBRIO de agua y sales minerales. Todas esas impurezas que retienen las eliminan a través de la orina. Todo eso lo hacen gratis, sin pedir más que un poco de agua a cambio. ¡Muchas gracias, riñones!

EL DATO

En el interior están las «unidades de filtración», llamadas NEFRONAS. ¡Hay un millón de ellas en cada riñón!

Los riñones son parte esencial del SISTEMA URINARIO, gracias al cual puedes hacer pis y librarte de los desechos del cuerpo. La orina va de los riñones a la VEJIGA a través de los URÉTERES.

EL RETO

En los riñones hay miles de vasos capilares pequeñísimos, que se retuercen. Un poco como en este dibujo. Aquí tendrás que encontrar el camino que une a cada célula con su igual.

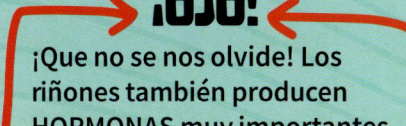

¡OJO! ¡Que no se nos olvide! Los riñones también producen HORMONAS muy importantes.

¡Respira hondo!

Una máquina a vapor

Necesitas oxígeno para vivir y al cuerpo se le ha ocurrido un sistema muy ingenioso de conseguirlo. El viaje comienza en la nariz y la boca, baja por la faringe y la tráquea, llega a los pulmones a través de los bronquios y de allí se extiende por todo el cuerpo.

EL RETO

El pulmón es como un laberinto con miles de rincones que explorar. Aquí tienes que ayudar a esta molécula de oxígeno a pasar por él hasta la salida.

En primer lugar, tienes que saber que, al inhalar, absorbes oxígeno y luego expulsas dióxido de carbono y vapor de agua. El aire pasa por todos los órganos y el intercambio de gases se produce en los ALVÉOLOS, que son tan diminutos que... ¡tienes como 600 millones! Abajo, te los mostramos muy ampliados para que sepas cómo son.

O$_2$
O$_2$

CO$_2$

INSPIRACIÓN

ESPIRACIÓN

Bronquios

Tráquea

Lóbulos

Pulmones

Los pulmones son como dos sacos esponjosos (cada uno de ellos llamado LÓBULO) que reciben el oxígeno que respiras y lo reparten. Después, recogen el dióxido de carbono de vuelta y lo expulsan fuera del cuerpo.

Alvéolos

Bronquiolos

Cuando exhalas, el proceso se invierte. La sangre regresa a través de los CAPILARES (unos vasos sanguíneos finísimos) y los desechos entran en los ALVÉOLOS. Luego, el aire pasa por los BRONQUIOLOS, sale de los BRONQUIOS, va hacia la TRÁQUEA y sale por la boca y la nariz. ¡Justo al revés de como entró!

EL DATO

El pulmón izquierdo es ligeramente más pequeño que el derecho porque tiene que dejar un poco de sitio para el corazón.

¡OJO!

Cuando un humano adulto inhala profundamente, almacena unos 5,5 litros de aire. Hace falta exhalar varias veces para estallar un globo.

La dura dentadura

¡Cuida bien tus dientes!

Tenemos cuatro tipos de dientes, con los que podemos realizar varias funciones distintas. Morder una manzana, cortar un plátano o triturar un fruto seco, sujetar un lápiz un momento... iO, incluso, leer correctamente este párrafo! Además, una bonita sonrisa siempre ayuda.

Cuando naces, no tienes ni un solo diente. Sin embargo, antes de cumplir tres años te habrán salido los DIENTES DE LECHE, que son 20 en total. Cuando llegas a los cinco o seis años, estos dientes comienzan a caerse, porque los empujan los dientes permanentes que tienen detrás. Si te preguntas por qué primero salen los de leche, la respuesta es porque los definitivos son muy grandes y complejos para una mandíbula joven. Son necesarios unos «de prueba» para el lenguaje, la masticación y el desarrollo de la boca y la cara.

Los dientes nos sirven para masticar. Gracias a ellos, nuestro estómago digiere mejor los alimentos. Pero también son importantes para HABLAR, son los ayudantes de los labios y de la lengua. Trata de decir 'zapato' o 'fábrica' sin tocar los dientes. ¡Es imposible!

Incisivos Canino

Premolares

(Aquí saldrán los molares)

EL DATO

El humano tiene 32 dientes cuando alcanza la madurez. Dos incisivos, un canino, dos premolares y tres molares por cada «cuarto» de la boca.

¡OJO!

Los últimos dientes en salir se llaman las «muelas del juicio» (o «cordales»). Son los terceros molares y pueden aparecer hasta los 25 años de edad.

Corona — Esmalte — Dentina o marfil — Pulpa — Encía — Capilares y nervios — Hueso de la dentadura — Raíz

Los dientes están recubiertos por la sustancia más dura que produce nuestro cuerpo: el ESMALTE DENTAL. Recubren la dentina o marfil, que tampoco está mal: es la segunda sustancia más dura que producimos. Bajo la dentina están los nervios y la sangre necesaria para mantener vivo al diente. La parte que vemos es la corona, y la que está bajo la encía, la raíz.

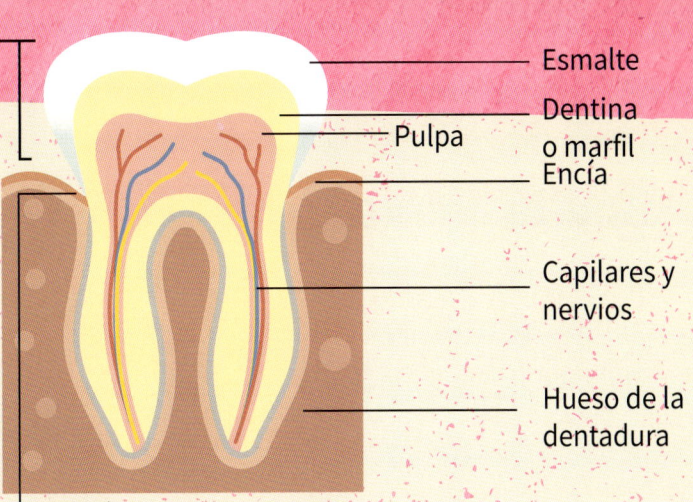

El mayor enemigo de nuestros dientes es la caries, una enfermedad causada por bacterias que se alimentan del azúcar, sobre todo. ¡Puede ser muy dolorosa y dejarte sin dientes! Pero se puede prevenir moderando el consumo de azúcar y lavándote los dientes después de cada comida.

EL RETO

Abajo tenemos los cuatro tipos de dientes. Cada uno de ellos tiene un valor en este juego matemático. Te animas a descubrirlo?

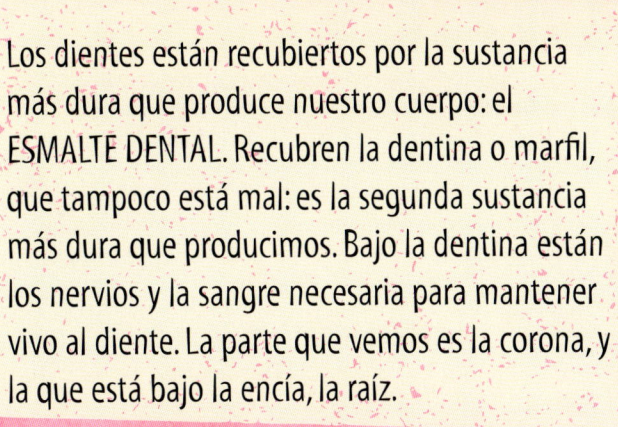

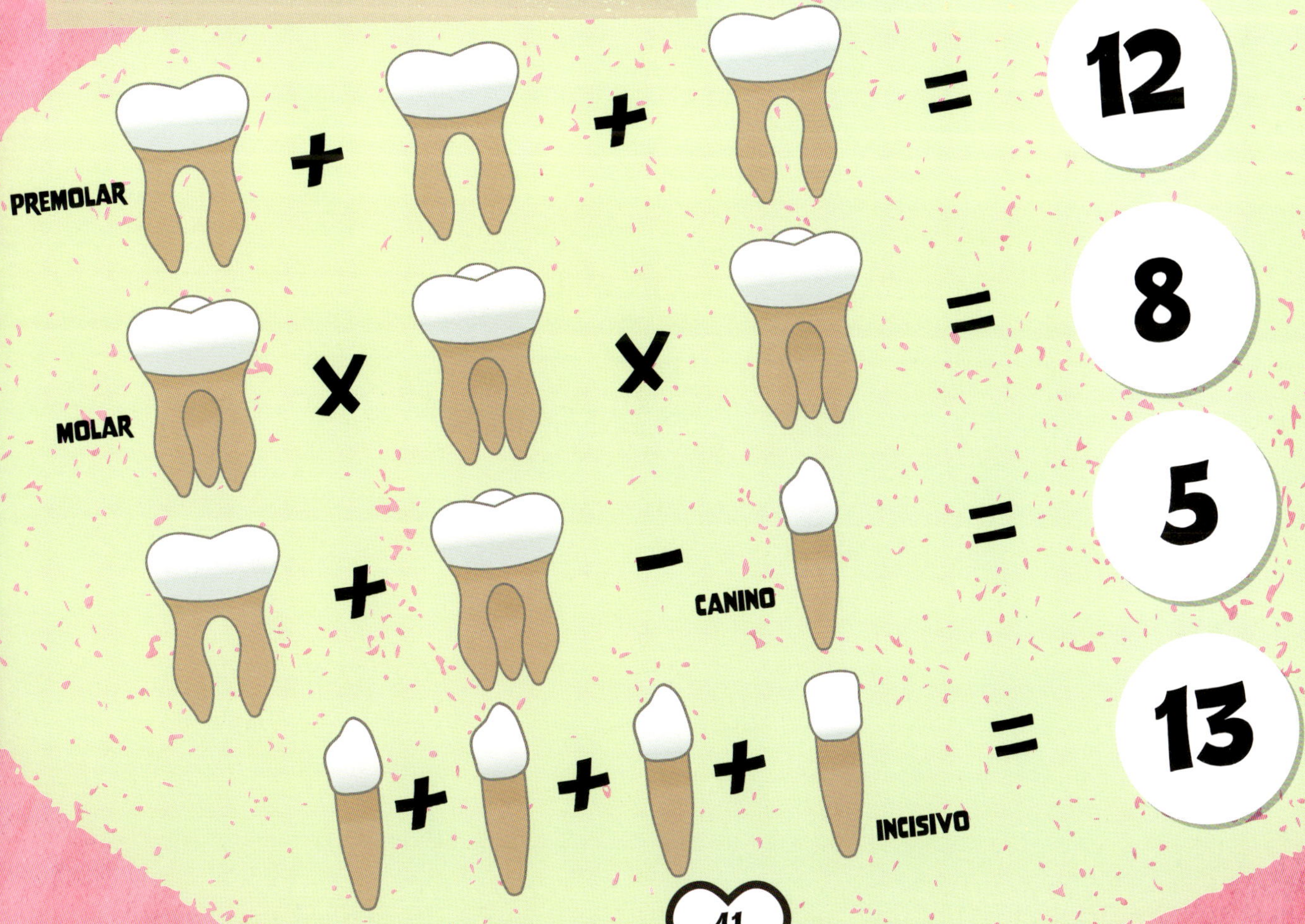

PREMOLAR

MOLAR

CANINO

INCISIVO

PREMOLAR + PREMOLAR + PREMOLAR = 12

MOLAR × MOLAR × MOLAR = 8

MOLAR + MOLAR − CANINO = 5

INCISIVO + INCISIVO + INCISIVO + INCISIVO = 13

Eres lo que comes

Somos lo que comemos

Para que puedas crecer, vivir sano y que tu cuerpo funcione correctamente, debes aportarle los nutrientes en cantidades y proporciones adecuadas.

1 La digestión comienza en la boca, donde masticas los alimentos y los mezclas con la saliva.

2 La bola pasa por el esófago y llega **3** al estómago, cuyos músculos baten y mezclan los alimentos para descomponerlos en trozos más pequeños.

4 El hígado fabrica bilis, que ayuda al cuerpo a absorber las grasas.

5 La vesícula biliar almacena la bilis hasta el momento en el que se la necesita.

6 Luego pasan al intestino delgado, donde muchos nutrientes son absorbidos por el torrente sanguíneo.

7 La principal función del intestino grueso consiste en eliminar el agua de la materia no digerida y formar los desechos sólidos (o heces) que se excretan a través del ano.

¡OJO!

La capacidad del estómago es de unos 1,5 litros, pero cuando comemos se puede estirar hasta llegar, incluso, a duplicar su tamaño.

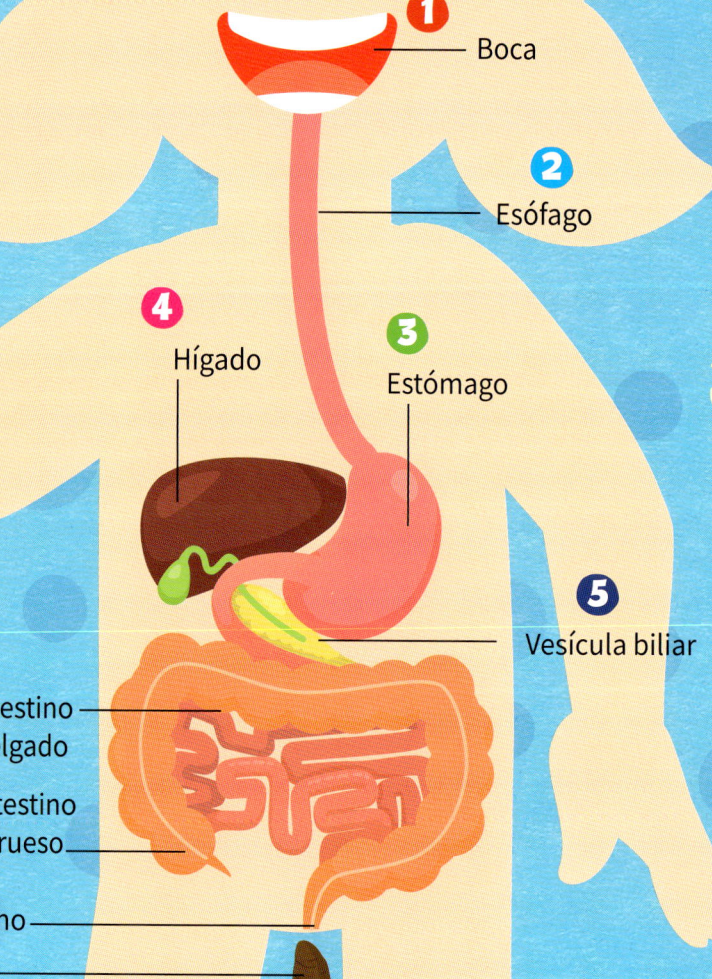

1 Boca

2 Esófago

4 Hígado

3 Estómago

5 Vesícula biliar

6 Intestino delgado

7 Intestino grueso

Ano

Materia fecal

La caca es el resto de los alimentos que el intestino delgado no puede digerir ni absorber, por lo que tiene que deshacerse de ellos expulsándolos a través del intestino grueso.

EL RETO

Las frutas y verduras te ayudarán a ir al baño sin problemas… Pero primero descifra este mensaje secreto.

EL DATO

La fibra vegetal ayuda a combatir el estreñimiento y los problemas intestinales.

¿?

Las hormonas mandan

Pequeñas... ¡pero mandonas!

Quizá no hayas oído hablar del sistema endocrino. Pues ya es hora, porque gracias a él, vas a cambiar y te vas a hacer mayor. Es el encargado de segregar hormonas, que son la clave de nuestros cambios.

Seguramente, ahora aún vayas al colegio, al instituto... Pero no siempre será así. Vas a crecer, a madurar. Es un proceso tanto psicológico como físico. De lo último, sobre todo, se encargan unas moléculas pequeñísimas, llamadas HORMONAS. ¡Ojo con ellas! Las hormonas existen porque las células necesitan saber cuándo han de dejar de hacer algo en concreto, o hacer más, o hacer menos... Ellas están «a nuestro servicio»... pero tenemos que darles pistas. El cuerpo es sabio, sí, porque funciona en conjunto.

Las hormonas llegan a la sangre a través de las GLÁNDULAS ENDOCRINAS, que suelen ser pequeñas... ¡pero mandan mucho! No hay una sola glándula, sino que tenemos varias repartidas por todo el cuerpo, o bien son órganos con varias funciones.

La persona encargada de vigilar el buen funcionamiento de las hormonas es el ENDOCRINÓLOGO. Este doctor o doctora te indicará un tratamiento en caso de que haya problemas con tus hormonas.

Pituitaria

Glándula pineal

Tiroides

Timo

Glándula pancreática

Glándula suprarrenal

Ovarios (mujeres)

Testículos (hombres)

EL RETO

Las hormonas son unos mensajeros que «encajan» en las células y les indican qué tienen que hacer. Pues lo que tienes que hacer tú ahora es encajar los números del 1 al 6 en los huecos alrededor de estas células, de manera que cada una de ellas contenga esas cifras.

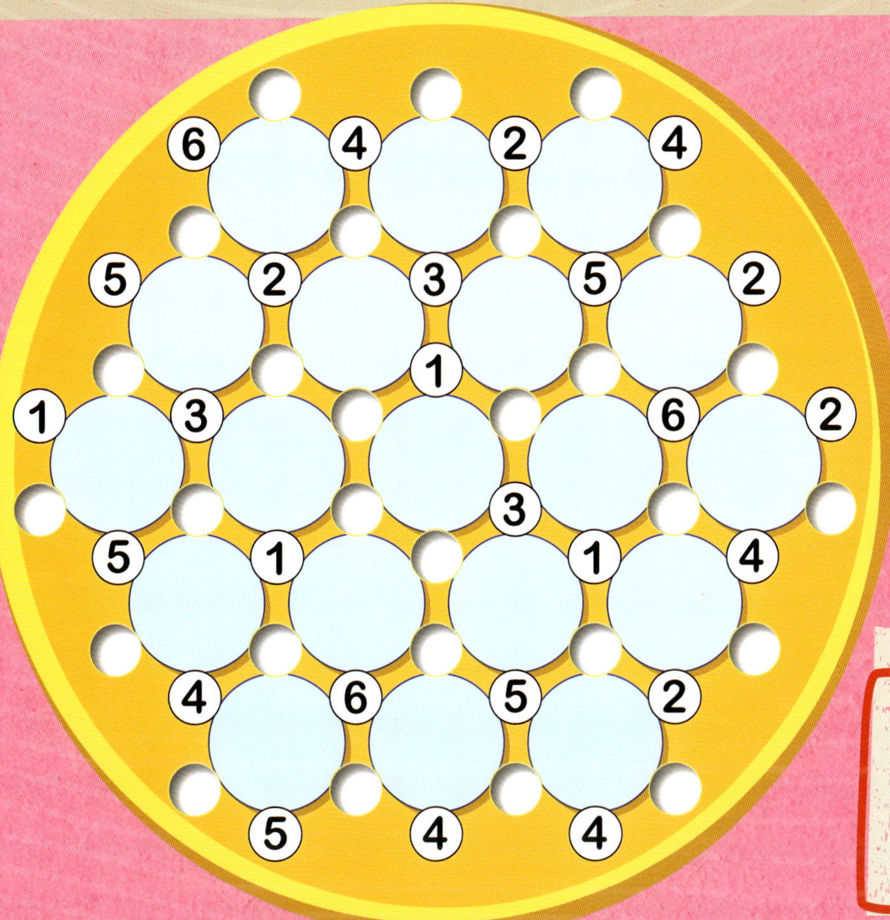

6   4   2   4

5   2   3   5   2

1

1   3   6   2

3

5   1   1   4

4   6   5   2

5   4   4

EL DATO

Para favorecer al sistema endocrino es fundamental hacer una hora al día de deporte.

¡OJO!

Las hormonas no solo sirven para crecer, sino que ayudan a controlar el estado de ánimo, el metabolismo y la reproducción.

Las hormonas resultan nuestras mejores mensajeras y algunas son muy famosas. La INSULINA es una de ellas. Si nuestro páncreas no segrega con normalidad esta hormona, el azúcar que ingerimos no llega a las células. La insulina es como una llave que abre las puertas de las células del cuerpo. La enfermedad asociada a los problemas con la insulina se llama diabetes. También es muy conocida la HORMONA DEL CRECIMIENTO. La segrega la glándula pituitaria y ya te puedes imaginar para qué sirve.

Hormona: melatonina

Mensaje: ¡duérmete!

Hormona del crecimiento

Mensaje: ¡crece!

Hormona: adrenalina

Mensaje: ¡huye!, ¡lucha!

45

Nos reproducimos

Así es la fecundación humana

Los seres humanos nos reproducimos gracias a un proceso que se llama fecundación. Todo parte de unas células microscópicas que contienen los genes de la madre y el padre. ¡De lo micro a lo macro!

Los seres humanos nos reproducimos a partir de dos células sexuales especializadas, llamadas gametos: el ÓVULO, que está en el cuerpo de la madre, y el espermatozoide, en el del padre. El óvulo se crea en los ovarios de la mujer, mientras que los ESPERMATOZOIDES lo hacen en los testículos del hombre. Ambas células llevan el ADN de esas personas, por eso nos parecemos a nuestros padres. ¡Somos una mezcla de dos personas!

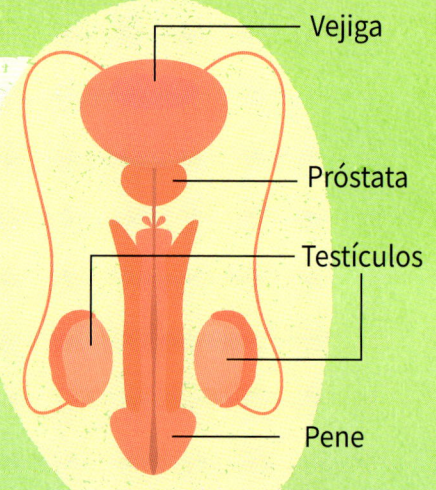

Vejiga

Próstata

Testículos

Pene

Tras el coito, los espermatozoides avanzan por la vagina y el útero y se suelen encontrar con el óvulo en las TROMPAS DE FALOPIO. Para nosotros es un viaje de centímetros, pero para unas células tan pequeñas… ¡Es un viaje larguísimo, de cientos de kilómetros! Por lo general, solo uno consigue el objetivo de penetrar dentro del óvulo, donde su material genético se mezcla con el del óvulo, y el embrión humano comienza a crecer.

EL DATO
El óvulo es la célula humana más grande. Mide 0,15 mm. ¡Casi se puede ver sin microscopio!

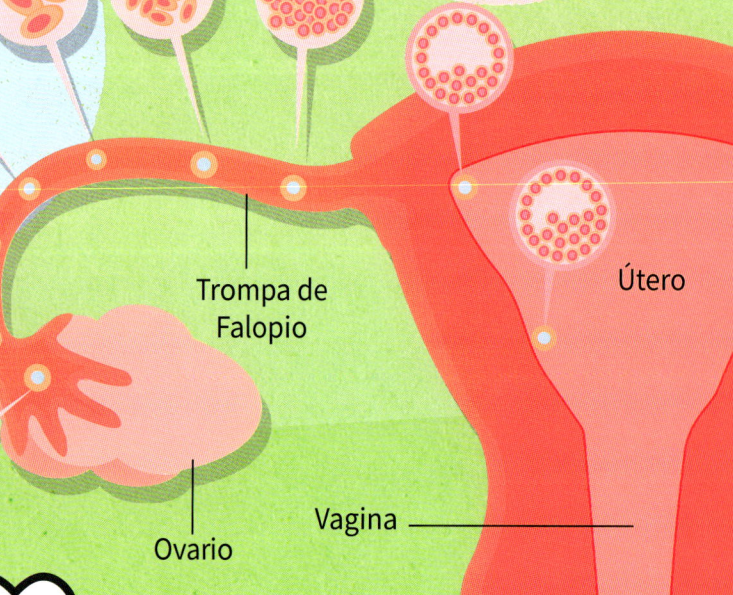

Trompa de Falopio

Útero

Ovario

Vagina

¡OJO!
Los ovarios y los testículos también son vitales para la generación de hormonas, unas sustancias que indican a las células cómo y cuándo crecer.

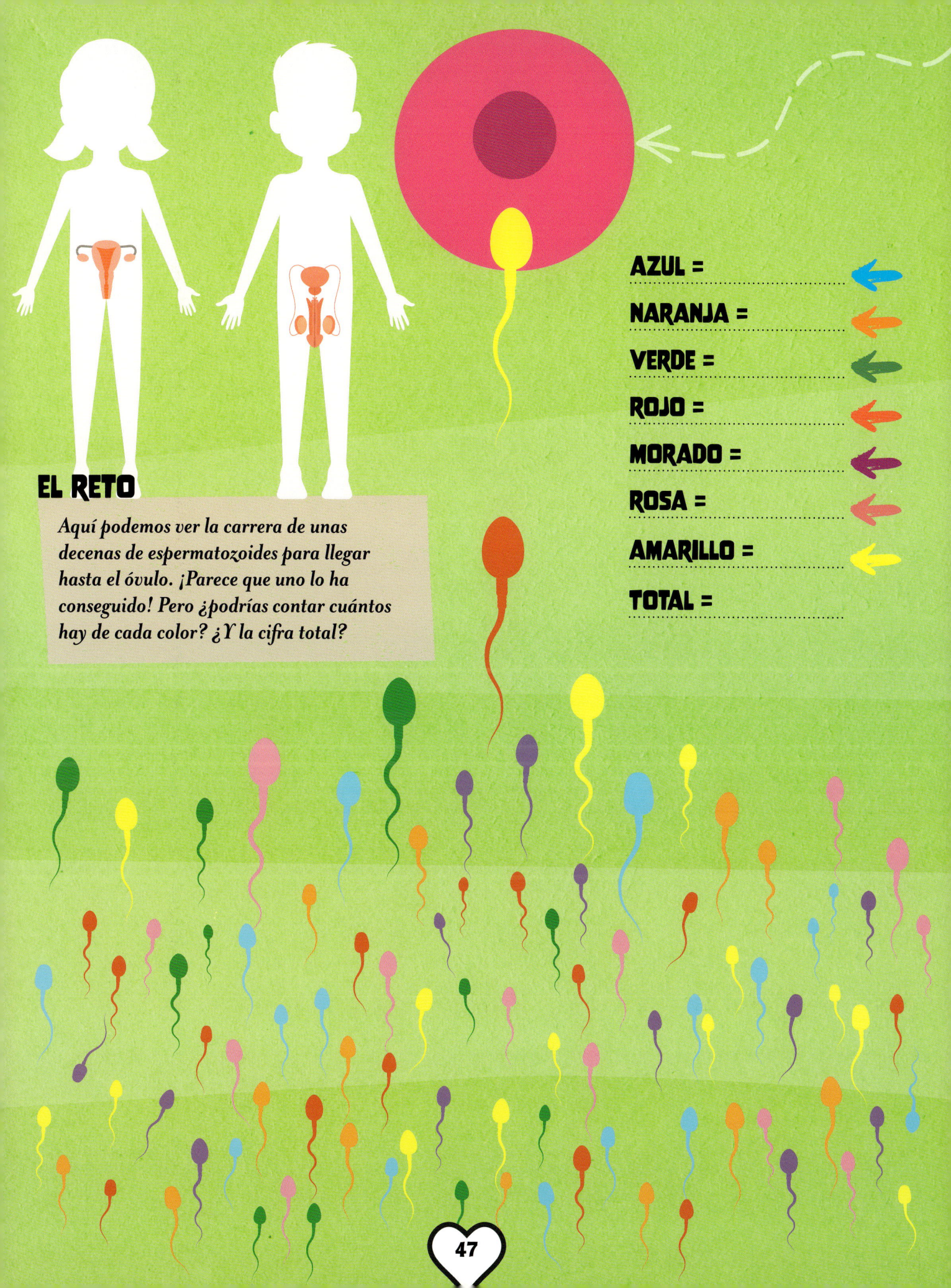

EL RETO

Aquí podemos ver la carrera de unas decenas de espermatozoides para llegar hasta el óvulo. ¡Parece que uno lo ha conseguido! Pero ¿podrías contar cuántos hay de cada color? ¿Y la cifra total?

AZUL = ...

NARANJA = ...

VERDE = ...

ROJO = ...

MORADO = ...

ROSA = ...

AMARILLO = ...

TOTAL = ...

Nueve meses

Tu nacimiento, un prodigio de la evolución

Los mamíferos tenemos un modo de gestación más avanzado que el de, por ejemplo, un insecto. También es más delicado, pero gracias a ello somos capaces de desarrollar unos órganos… ¡realmente perfectos!

Parece increíble, pero es cierto: de la unión de dos células microscópicas nacemos todos. Luego se van multiplicando hasta llegar a los 30 billones (¡30 000 000 000 000!) de un adulto, aproximadamente. En el ÚTERO de la mujer se desarrolla el embrión, que da paso al feto: el pequeño ser humano que va madurando hasta que, tras 40 felices semanas flotando y a oscuras, sale al mundo. La vida es fascinante, ¿verdad?

EL DATO

De media, por cada 100 niñas que vienen al mundo, nacen 105 niños. Sin embargo, las mujeres suelen vivir más tiempo.

El embarazo es similar en todos los mamíferos, pero en unos dura más y, en otros, menos. El de la zarigüeya dura 12 días y el del elefante africano… ¡22 meses! Sin embargo, luego la cría de la zarigüeya se queda 60 días más en una especie de bolsillo en la tripa de mamá: es decir, ¡estos animalitos son MARSUPIALES!

1 SEMANA

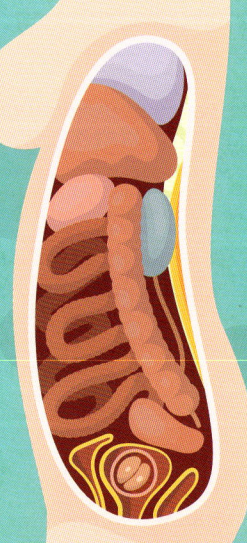

= 7 DÍAS

4 SEMANAS

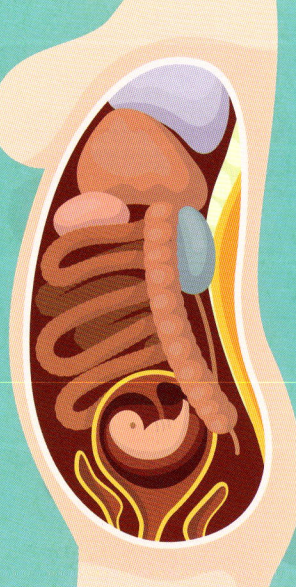

= ___ DÍAS

Existe una vieja historia que dice que a los niños los traen las cigüeñas, ¡nada menos que desde París! Bueno, ya sabes que es solo eso: una leyenda. El escritor HANS CHRISTIAN ANDERSEN la recogió en un cuento (en el siglo XIX) y ya se puso de moda. Pero no, los bebés se hacen entre papá y mamá y van creciendo en el cuerpo de mamá. ¡Es más increíble aún, si lo piensas! ¡Un viaje maravilloso!

EL RETO

Aquí tienes un esquema del crecimiento de un feto en el cuerpo de una mujer. Arriba ves el tiempo en semanas. ¿Podrías poner abajo su equivalente en días?

40 SEMANAS

= ___ DÍAS

18 SEMANAS

35 SEMANAS

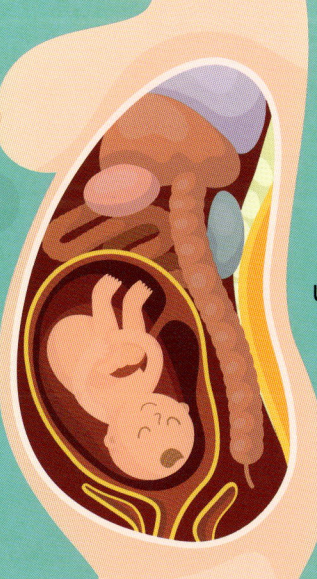

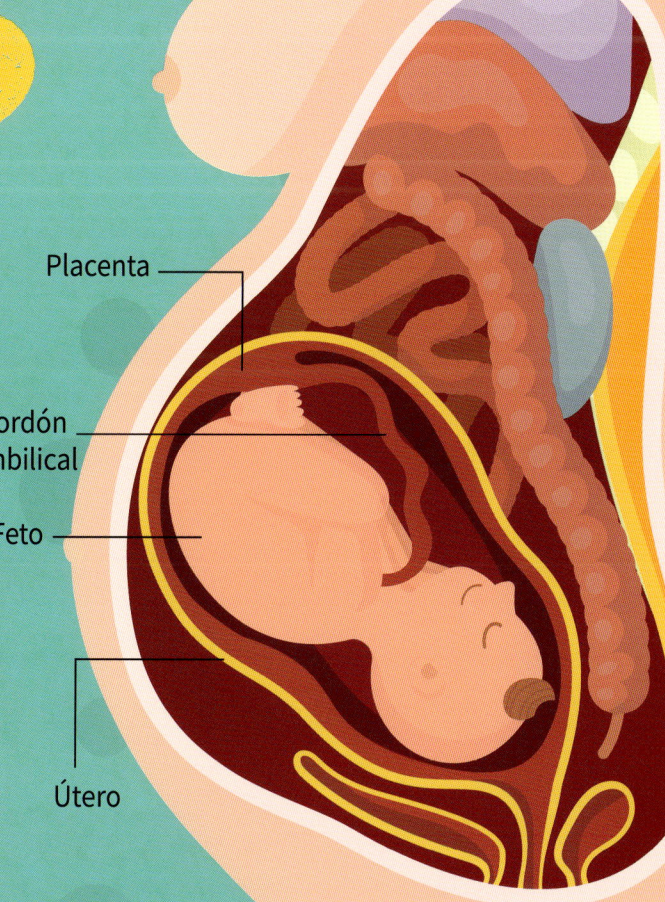

Placenta

Cordón umbilical

Feto

Útero

= ___ DÍAS

= ___ DÍAS

Contra las enfermedades

La mejor defensa, estar preparados

Tenemos una mala noticia: el mundo está lleno de virus y bacterias que causan enfermedades. Y una buena: nuestro cuerpo está preparado para frenar la mayoría. El sistema inmunitario se encarga de ello.

Nuestro sistema inmunitario no depende de un solo órgano. La verdad, está un poco disperso. Los órganos principales son la médula ósea y el timo. Ya sabes, la MÉDULA ÓSEA es el tejido interior de varios huesos, mientras que el TIMO es un órgano pequeñito en mitad del pecho. Luego encontramos los GANGLIOS (tenemos varios, por todo el cuerpo) y el BAZO, cerca del riñón izquierdo. ¿Qué hacen todos ellos? Producir células que reconocen y destruyen a los «malvados invasores». Las más famosas son los glóbulos blancos.

Pese a la protección del sistema inmunitario, a menudo nos ponemos malos. Lo bueno es que nuestro sistema aprende y recuerda lo que pasó. Así, según creces, te pones menos veces malo y te recuperas antes. Las VACUNAS ayudan al cuerpo a reconocer enfermedades y nos salvan de ponernos realmente enfermos. Hasta su aparición, y antes de que la ciencia descubriera cómo se transmiten las enfermedades, millones de personas morían muy jóvenes.

El ADN que heredamos nos puede hacer más o menos propensos a sufrir determinadas enfermedades.

Una buena alimentación ayuda al sistema inmunitario a mantenerse fuerte.

EL RETO

Estos peligrosos virus y bacterias nos proponen un desafío. Deberás seguir la pauta lógica que indican los números que los acompañan y adivinar qué número corresponde al último de ellos. ¡No te contagies!

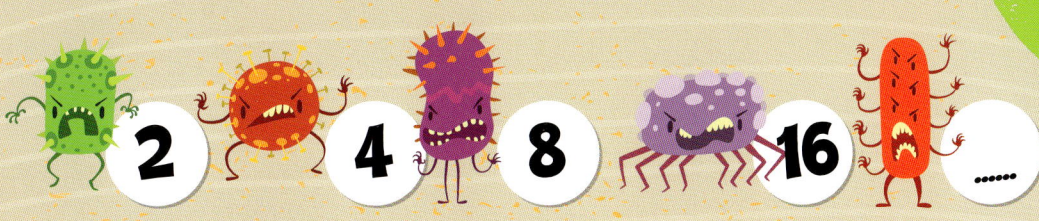

2
4
8
16
......
32
25
18
11
......

EL DATO

A los glóbulos blancos también se les llama leucocitos y los hay de cinco tipos diferentes.

El sistema linfático se parece al circulatorio. Una de sus funciones principales es llevar las células que nos defienden allí donde hacen falta.

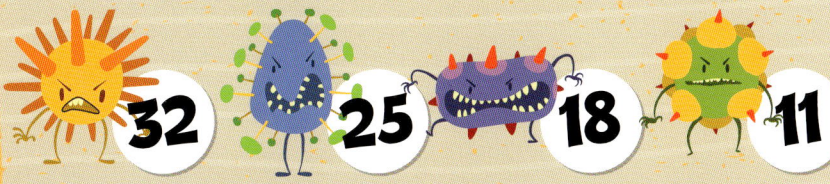

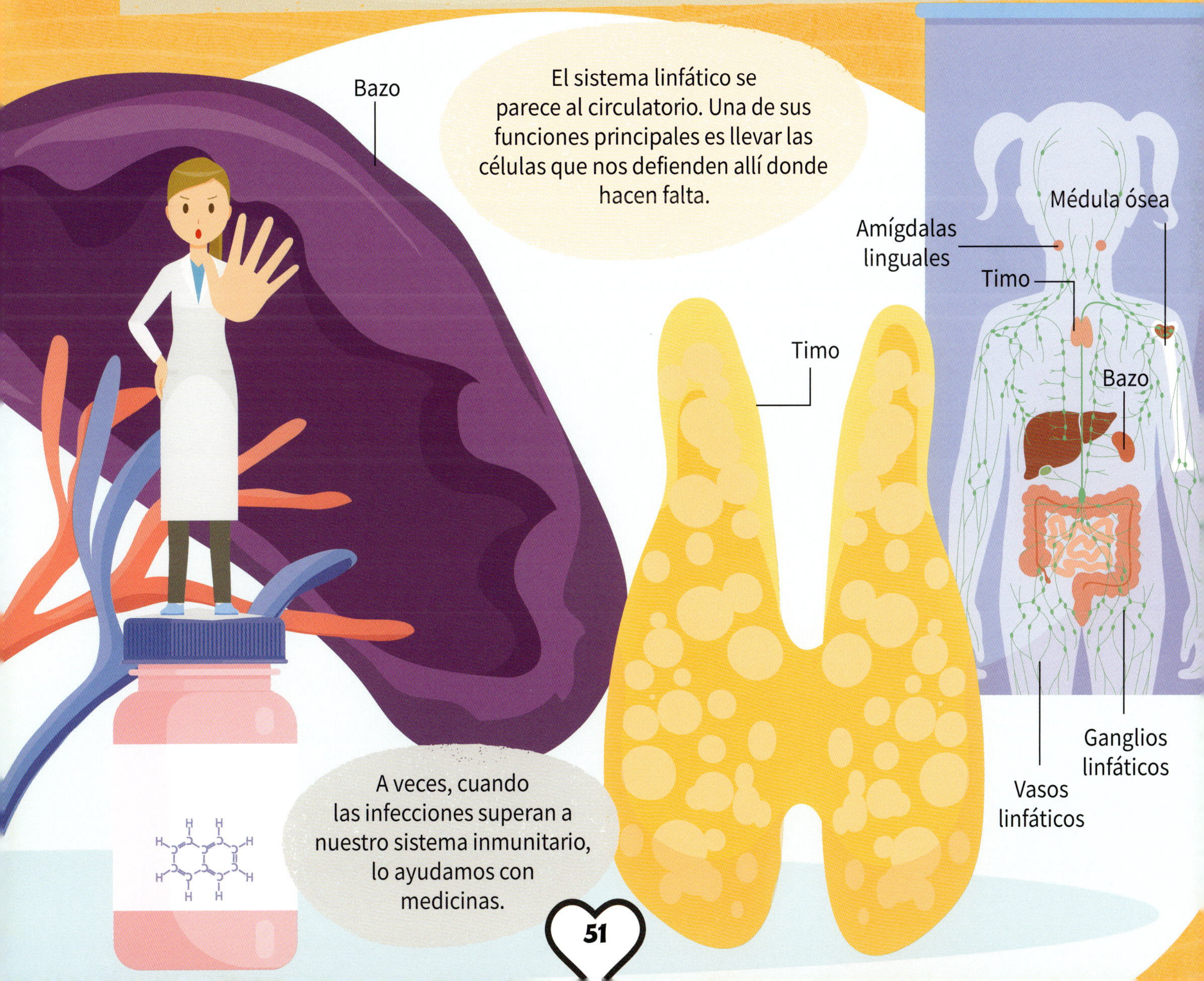
Bazo
Timo
Amígdalas linguales
Timo
Médula ósea
Bazo
Ganglios linfáticos
Vasos linfáticos

A veces, cuando las infecciones superan a nuestro sistema inmunitario, lo ayudamos con medicinas.

Tirando de memoria

EL RETO

Aquí tienes una serie de avances científicos que han contribuido a mejorar la salud de nuestro organismo. Fíjate bien en cada uno de ellos durante un minuto y, entonces, pasa a la siguiente página y trata de recordar todos sus nombres.

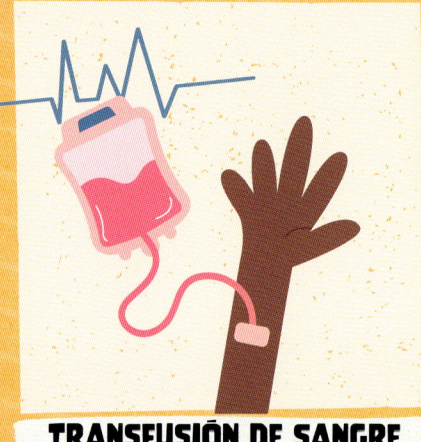

TRANSFUSIÓN DE SANGRE

Gracias a las vacunas, estamos más protegidos contra las enfermedades.

VACUNAS

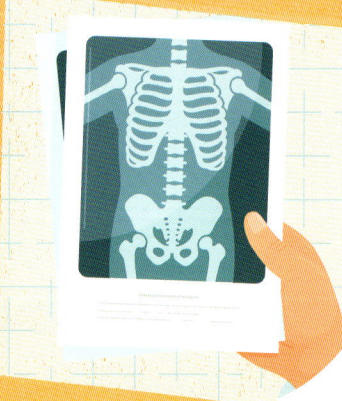

Los rayos X nos permiten ver por debajo de la piel.

RAYOS X

Las medicinas combaten enfermedades.

MEDICINAS

El termómetro nos avisa si tenemos fiebre.

TERMÓMETRO

ANESTESIA

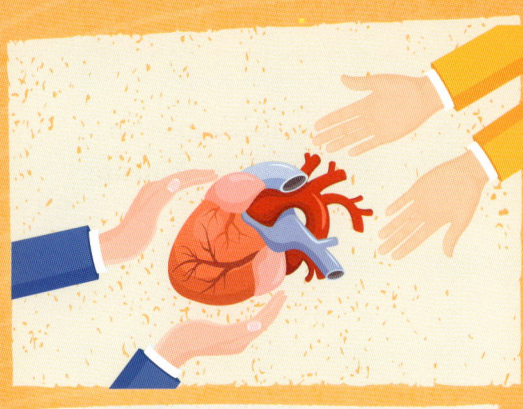

TRASPLANTE DE CORAZÓN

ECOGRAFÍA

ADN

La edición del ADN permite curar enfermedades raras.

CIRUGÍA ROBÓTICA

Los robots sirven para operar con una precisión increíble.

AMBULANCIA

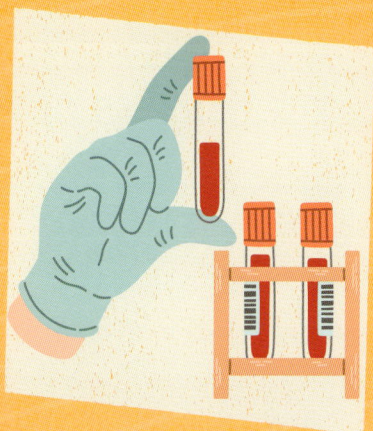

ANÁLISIS DE SANGRE

Ahora escribe los nombres bajo cada avance. Y, además, hay tres imágenes que han cambiado un poco. ¿Sabrías decir cuáles?

Donar sangre es muy generoso por parte de quien da, y muy útil para quien la recibe.

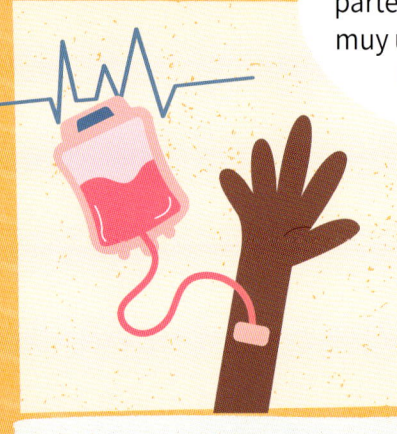

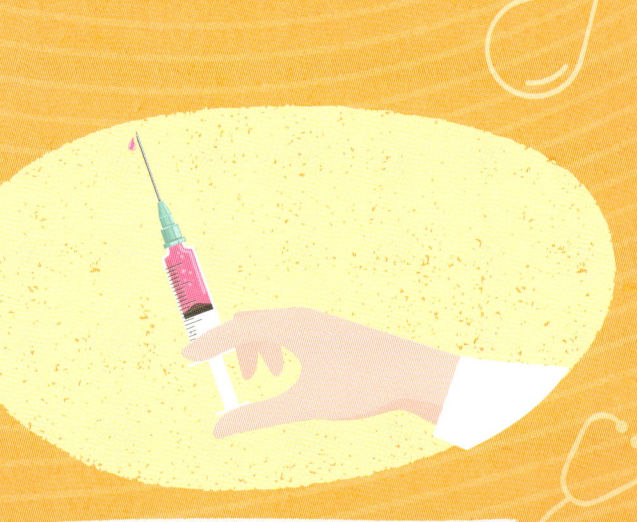

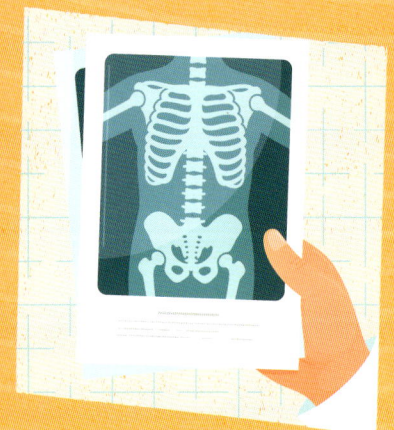

Operar sin dolor es un gran avance, que se perfeccionó a partir del siglo XIX.

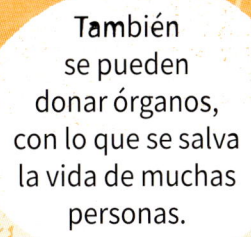

También se pueden donar órganos, con lo que se salva la vida de muchas personas.

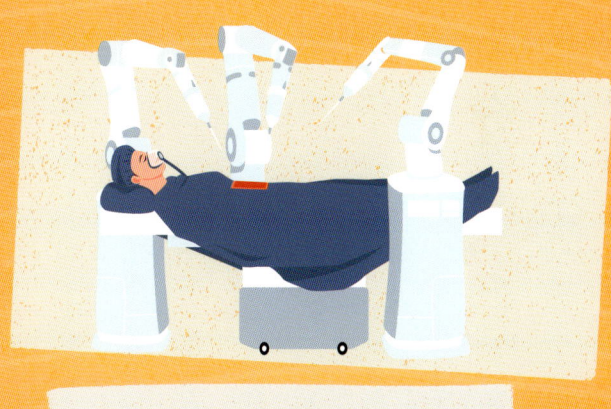

Con una muestra de sangre conocemos mucho sobre nuestro organismo.

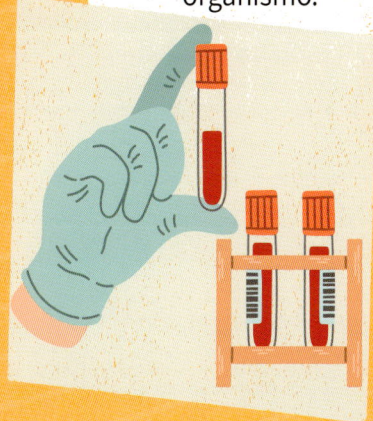

El socorro rápido permite salvar muchas vidas.

Soluciones

Página 7
Aquí manda el cerebro
Sumar ---> Izquierdo
Multiplicar ---> Izquierdo
Pintar ---> Derecho
Escribir ---> Izquierdo
Emocionarte ---> Derecho
Cantar ---> Derecho
Tomar decisiones racionales ---> Izquierdo
Mover la mano izquierda ---> Derecho

Página 9
¡Estás de los nervios!

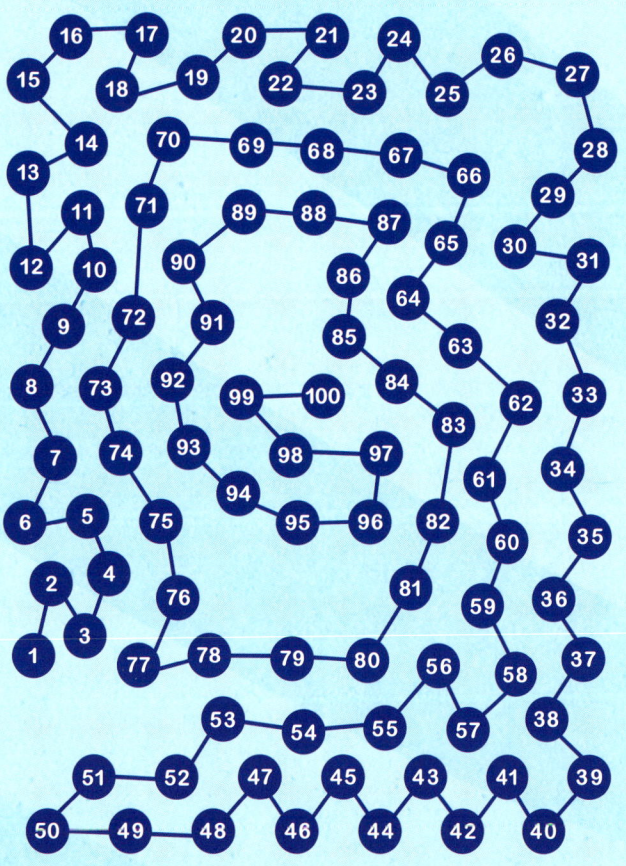

Página 11
Vista de águila
Hay siete ojos verdes que miran a la izquierda.
Hay seis ojos verdes que miran a la derecha.
Hay siete ojos azules que miran arriba.
Hay cinco ojos azules que miran abajo.

Página 13
Oído fino
1 = Saxofón
2 = Tambor
3 = Violín
4 = Trompeta
5 = Guitarra
6 = Arpa

Página 15
¡Esto huele muy bien!

 = 3

 = 2

 = 1

 = 4

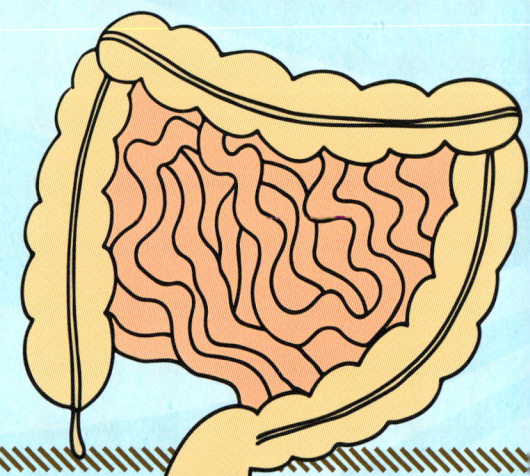

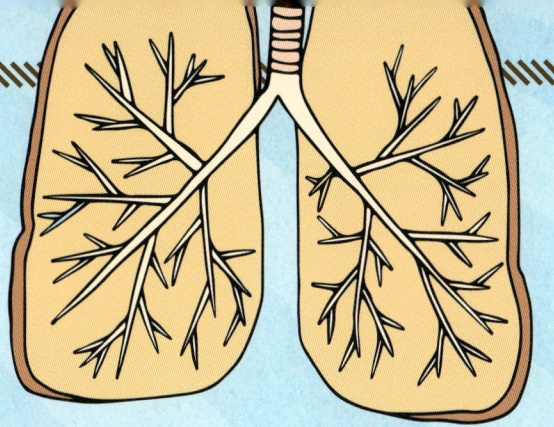

Página 16
El gusto es tuyo
Amargo: café, rábano, pomelo.
Ácido: kiwi, limón, manzana.
Salado: pan, pizza, sardinas.
Umami: queso, tomate, champiñón.
Dulce: piruleta, helado, plátano.

Página 19
Y toco porque me tira
Hay 48 dedos estirados.

Página 21
El pelo, amigo y abrigo
La frase oculta es: LÁVATE EL PELO.

Página 23
¡Cuida tus uñas!
Hay 20 uñas blancas.
Hay 20 uñas azules.
Hay 20 uñas rosas.
Hay 20 uñas marrones.
Como cada persona tiene 20 uñas, sabemos que la familia Pérez la forman cuatro personas.

Página 25
Tu esqueleto no da miedo

Página 27
La fuerza muscular

azul claro	→	morado
naranja	→	rosa
verde claro	→	marrón
rojo	→	naranja
morado	→	verde oscuro
azul oscuro	→	azul claro
rosa	→	verde claro
verde oscuro	→	azul oscuro
marrón	→	rojo

Página 29
Late que te late
Hay 19 píldoras.

Página 31
¡Circulen, circulen!

corazón

hígado

riñón

estómago

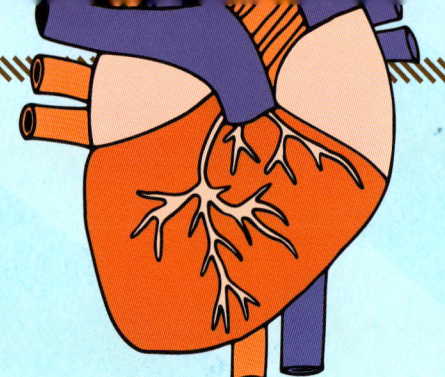
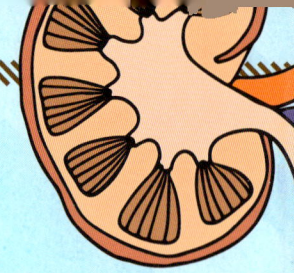

Página 33
La sangre es vida
Hay 41 glóbulos rojos, 11 glóbulos blancos y 12 plaquetas.

Página 35
Un laboratorio portátil

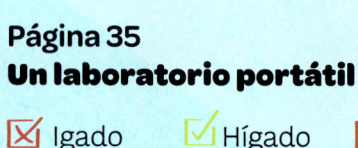

☒ Igado	☑ Hígado
☒ Leukozito	☑ Leucocito
☒ Güeso	☑ Hueso
☒ Hinspirar	☑ Inspirar
☒ Obulo	☑ Óvulo
☒ Humami	☑ Umami
☒ Nerbio	☑ Nervio
☒ Hinfecion	☑ Infección
☒ Vakteria	☑ Bacteria
☒ Opticó	☑ Óptico

Página 37
Filtrar y filtrar

Página 38
¡Respira hondo!

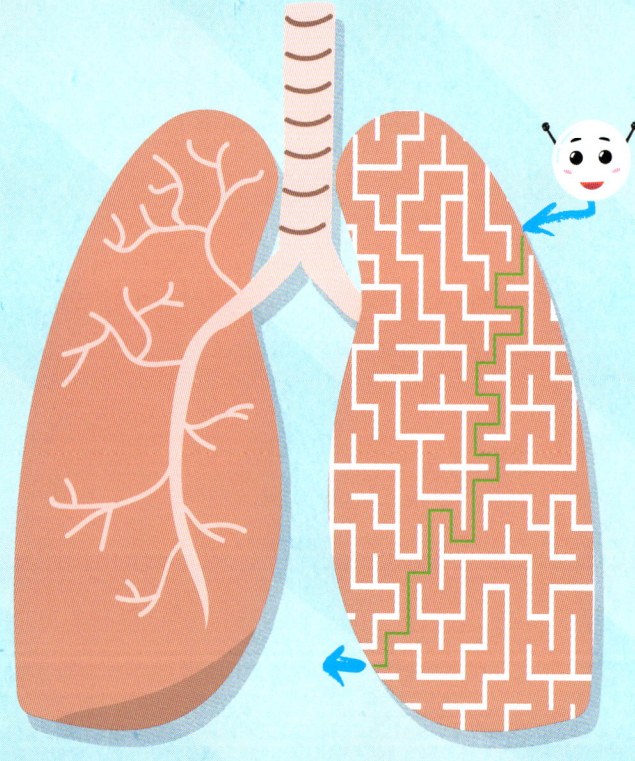

Página 41
La dura dentadura

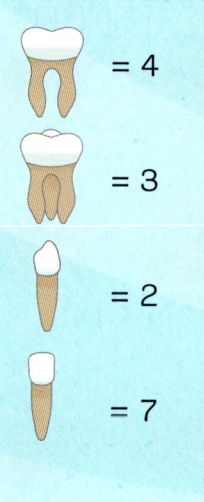

= 4

= 3

= 2

= 7

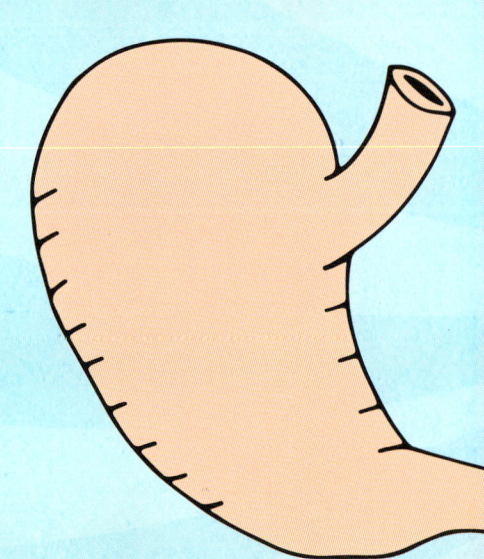

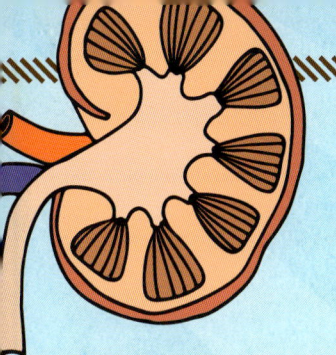

Página 43
Eres lo que comes
El mensaje secreto dice lo siguiente:
COME FRUTA Y VERDURA

Página 45
Las hormonas mandan

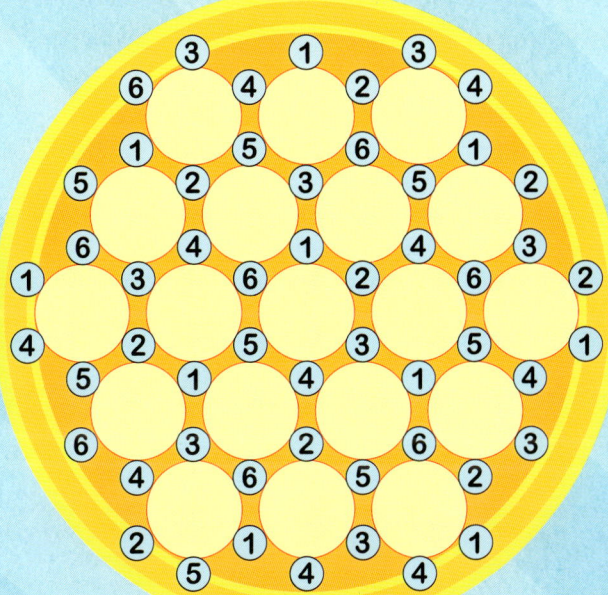

Página 47
Nos reproducimos
Azul = 16.
Naranja = 13.
Verde = 11.
Rojo = 15.
Morado = 13.
Rosa = 13.
Amarillo = 15.
Total = 96.

Página 49
Nueve meses
1 semana = 7 días.
4 semanas = 28 días.
18 semanas = 126 días.
35 semanas = 245 días.
40 semanas = 280 días.

Página 51
Contra las enfermedades
2 - 4 - 8 - 16 - 32
(se va multiplicando por 2).
32 - 25 -18 - 11 - 4
(se va restando 7).

Página 54
Tirando de memoria
Han cambiado la capa de las MEDICINAS,
el color y la temperatura en el TERMÓMETRO
y la orientación del paciente de la CIRUGÍA
ROBÓTICA.

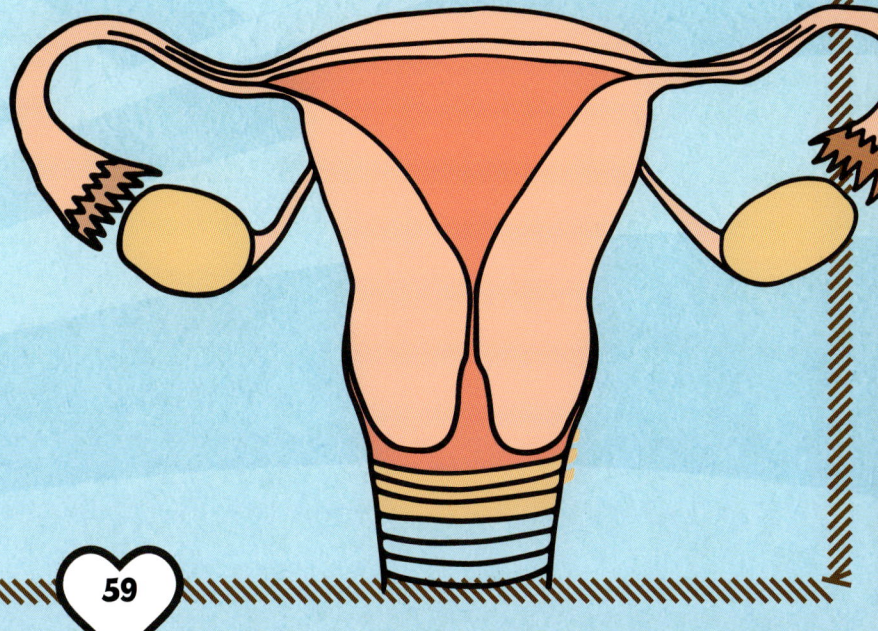